COMENTÁRIOS À LEI DA CARTEIRA DOS ADVOGADOS

WLADIMIR NOVAES MARTINEZ

Advogado especialista em Previdência Social

COMENTÁRIOS À LEI DA CARTEIRA DOS ADVOGADOS

Editora LTr
SÃO PAULO

Dados Internacionais de Catalogação na Publicação (CIP)
(Câmara Brasileira do Livro, SP, Brasil)

Martinez, Wladimir Novaes

   Comentários à lei da carteira dos advogados / Wladimir Novaes Martinez. — São Paulo : LTr, 2010.

   ISBN 978-85-361-1568-9

   1. Advogados — Brasil 2. Aposentadoria 3. Contribuições previdenciárias 4. Direito previdenciário — Brasil 5. Previdência social — Leis e legislação — Brasil I. Título.

10-04403   CDU-347.965.8:368.4(81)(094.56)

Índice para catálogo sistemático:

1. Previdência social : Lei da carteira dos advogados : Comentários
   347.965.8:368.4(81)(094.56)

Produção Gráfica e Editoração Eletrônica: **R. P. TIEZZI**

Design de Capa: **FÁBIO GIGLIO**

Impressão: **ASSAHI GRÁFICA E EDITORA**

© Todos os direitos reservados

EDITORA LTDA.

Rua Jaguaribe, 571 — CEP 01224-001— Fone (11) 2167-1101
São Paulo, SP — Brasil — www.ltr.com.br

LTr 4210.9   Junho, 2010

Sumário

Introdução 9

Capítulo I — Extinção da carteira 11

Capítulo II — Novas inscrições 16

Capítulo III — Natureza da entidade 19

Capítulo IV — Gestão da extinção 25

Capítulo V — Responsabilidade do Estado 27

Capítulo VI — Recursos orçamentários 31

Capítulo VII — Beneficiários do plano 32

Capítulo VIII — Segurados inscritos 34

Capítulo IX — Dependentes do advogado 37

Capítulo X — Critérios de reajustamento 46

Capítulo XI — Acumulação de benefícios 51

Capítulo XII — Inadimplência dos contribuintes 54

Capítulo XIII — Períodos de carência 56

Capítulo XIV — Aposentadoria por inscrição 59

Capítulo XV — Direito adquirido 62

Capítulo XVI — Conceito de invalidez 65

Capítulo XVII — Definição das mensalidades 70

Capítulo XVIII — Início das prestações 73

Capítulo XIX — Cessação dos pagamentos 75

Capítulo XX — Renda inicial 79

Capítulo XXI — Pedido de pensão 81

Capítulo XXII — Inclusão e exclusão 84

Capítulo XXIII — Impugnação dos pensionistas 86

Capítulo XXIV — Cotizações obrigatórias 90

Capítulo XXV — Unidade monetária 93

Capítulo XXVI — Contribuição especial 95

Capítulo XXVII — Acréscimos de mora 99

Capítulo XXVIII — Apuração de débito 101

Capítulo XXIX — Cessação da invalidez 104

Capítulo XXX — Gerência da entidade 107

Capítulo XXXI — Conselho administrativo 108

Capítulo XXXII — Regime financeiro 110

Capítulo XXXIII — Conta bancária 112

Capítulo XXXIV — Majoração dos aportes 113

Capítulo XXXV — Avaliação atuarial 115

Capítulo XXXVI — Valor das quotas 118

Capítulo XXXVII — Mudança das datas 119

Capítulo XXXVIII — Revogação da Lei n. 10.394/70 121

Capítulo XXXIX — Individualização das quotas 124

Capitulo XL — Vigência e eficácia 126

Capítulo XLI — Resgate das contribuições 128

Capítulo XLII — Atualização dos valores 131

Capítulo XLIII — Pagamento do resgate 132

Capítulo XLIV — Prorrogação do prazo 133

Capítulo XLV — Questões jurídicas 134

Anexos 141

Introdução

Depois de marchas e contramarchas, superado o momento em que o Governo do Estado de São Paulo cogitou de pôr fim à Carteira dos Advogados do IPESP, aflorando o interesse maior da classe, a Assembleia Legislativa paulista aprovou a Lei n. 13.549/09, que revogou alguns dispositivos da Lei n. 10.394/70 e encaminhou a manutenção do plano de benefícios da Carteira até sua extinção.

Foi uma solução política da qual participaram o MPS, o Palácio do Governo Estadual, a OAB, a AASP e o IASP, os estudiosos do Direito Previdenciário, atuários e parlamentares. Mediou entre a liquidação e a preservação de um plano de benefícios reconhecidamente em desequilíbrio patrimonial, definindo regras severas quanto às contribuições e prestações futuras.

Como sucede com a retirada de instituidora de uma EFPC, a frustração dos participantes é significativa e a experiência ensinará que uma organização previdenciária deve ser estruturada com fulcro em parâmetros atuariais, financeiros e técnicos realísticos. A Carteira foi vítima de sua história e, uns mais e outros menos, todos somos responsáveis pelo acontecido.

A Lei n. 13.549/09 parece ter sido elaborada de afogadilho, sem organicidade, sistematização ou conhecimento legislativo, propiciando dubiedades, suscitando dissídios e promovendo inquietações variadas. Ela gestará ações no Poder Judiciário, recomendando-se que as entidades representativas se unam para uniformizar essas possíveis indisposições como a ADIn n. 4.291/09; caso contrário, corre-se o risco de se perder o eixo da proteção social da categoria profissional numa infinidade de processos com sentenças desiguais, desconexas ou inesperadas.

Espera-se que o decreto regulamentador da lei e o Regulamento do Conselho Administrativo integrem algumas das lacunas e solucionem certas dúvidas.

Ainda que a Carteira não seja admitida como modalidade de previdência complementar, nesta interpretação doutrinária das dúvidas emergentes não resistimos à ideia de nesse segmento protetivo privado buscar inspiração, às vezes importar o instituto técnico como um todo ou praticar a similitude, por conta da visível analogia entre a Carteira e uma EFPC associativa. Em face da universalidade da proteção social também foram promovidas menções ao Plano de Benefícios da Previdência Social (Lei n. 8.213/91).

Comentários sobre os preceitos da Lei n. 13.549/09 não poderiam ignorar o cenário administrativo dos colegas tentando salvar uma instituição com quase 50 anos de existência. Uma vez apurado o déficit histórico, ele precisa ser equacionado com todos os melindres imagináveis, na medida do possível, para permitir honrar os compromissos assumidos (ou parte deles).

É extremamente importante que os interessados tomem consciência de estarem tratando com um plano de benefícios fechado, cujos recursos são apenas os que foram quantificados até então, e que qualquer questionamento judicial (que pode perdurar por anos) afetará a difícil gestão. Por isso, o documento mais importante, a ser amplamente divulgado, é o balanço patrimonial da entidade, com todas as minúcias e os critérios adotados na apuração. Apontando uma difícil questão: qual o valor pessoal a ser atribuído a cada um dos participantes da receita proveniente da juntada de procurações?

Wladimir Novaes Martinez

Capítulo I   EXTINÇÃO DA CARTEIRA

Contrariando os objetivos da Constituição Federal, de atribuir propriedade, vitalidade e segurança à previdência social, um pesadelo que surpreende, assusta e ameaça o prestígio da técnica protetiva particular está em andamento em São Paulo.

O Projeto de Lei n. 236/09 converteu-se na Lei Estadual n. 13.549/09, que revogou parte da Lei n. 10.394/70. A primeira delas havia reorganizado a Carteira de Previdência dos Advogados, administrada pelo IPESP. Em vez de promover uma Audiência Pública para ouvir os técnicos e os profissionais, o Governo do Estado de São Paulo procurou extinguir o plano de benefícios e a entidade, que tem alguma semelhança com a EFPC associativa e que, se isso fosse verdade, remeteria à liquidação extrajudicial da LBPC (LC n. 109/01).

a) Constitucionalidade da lei

A norma agora comentada não parece inconstitucional, mas poderá ser questionada pelos advogados em inúmeros aspectos ordinários. A princípio, uma lei estadual, que constituiu a Carteira, tem o poder de desconstituí-la, se para isso existirem pressupostos técnicos, fáticos e jurídicos consistentes de ordem previdenciária. Há quem pense que rigorosamente o Estado de São Paulo deveria aplicar 11 bilhões de reais, e isso, sabe-se, é inexequível.

O desconforto da categoria é enorme, e não faltarão manifestações favoráveis à assunção de responsabilidades por parte do Estado de São Paulo, no caso de se vislumbrar alguma proximidade técnica com a retirada de instituidora (*Retirada de patrocinadora*. São Paulo: LTr, 2003).

O art. 1º da lei vigente cuida da extinção administrativa da entidade empreendida pelo liquidante IPESP — que estava igualmente condenado à extinção (arts. 35 e 37 da LC n. 1.010/07) —, uma tarefa monumental que envolve o legítimo interesse de aproximadamente 35 mil advogados inscritos e seus dependentes. E, a certa distância, mais uns 215 mil colegas paulistas da categoria.

b) Contestação jurídica

No art. 2º, § 2º, colhe-se decisão que produzirá respeitável polêmica: declaradamente, o IPESP e o Estado de São Paulo — até então os gestores direto e indireto da Carteira — não responderão por nenhuma insuficiência patrimonial do plano de benefícios da Carteira.

O Governo de São Paulo tomou a iniciativa da extinção da Carteira e pretende exercitá-la sem que desse esforço participem outras autoridades, entre as quais, o Ministério Público, fato que pode ser impugnado. Ainda que como mero assistente, o MPS deveria se fazer representar e presenciar as ações para que o direito dos associados seja preservado.

Caso os interessados contestem judicialmente a lei ou os procedimentos do liquidante, a discussão será bastante litigiosa, consumirá a inteligência dos estudiosos, alimentará a esperança dos colegas numa solução melhor, mas possivelmente destinar-se-á ao insucesso diante da disposição política do Estado de não assumir a responsabilidade pelos recursos necessários ao reequilíbrio do plano de benefícios. Um precatório de 11 bilhões de reais refletiria essas eventuais responsabilidades, ao longo dos 80 anos estimados pelo matemático.

A ação perduraria por décadas, e enquanto isso os recursos diminuirão e os créditos dos ativos minguarão, frustrando-se a possibilidade de os atuais capitais serem canalizados para a OABPrev ou outra EFPC, preferivelmente dos advogados.

Ainda que os advogados estivessem representados na administração do IPESP, é evidente a responsabilidade moral, política e, quiçá, jurídica do Poder Executivo estadual. Criou os recursos externos aos participantes, declarados inconstitucionais a partir de certa data, e os extinguiu (abalando o equilíbrio do plano de benefícios) sem antes promover a revisão da sua estrutura. Suas responsabilidades patrimoniais são imensas, embora diluídas.

Na ocasião, deveria consultar a categoria, ouvir as entidades de classe e promover os acertos necessários. Por exemplo, resistir ao critério de reajustamento cifrado ao salário mínimo a partir do momento em que o nível real desse começou a ultrapassar a variação integral do INPC.

Agora, os 20% cobrados dos aposentados serão uma tentativa de repor esses ganhos.

Silenciou, manteve-se inerte e permitiu o surgimento de um déficit vultosíssimo, tornou inviável o prosseguimento do plano de benefícios concebido nos idos de 1970.

c) Critério dos reajustamentos

De modo geral, como regra permanente, a atualização dos valores mensais derivará do patrimônio da Carteira, enquanto o RGPS vem praticando a variação integral do INPC (e, em 2010, talvez 50% percentual do PIB). Quaisquer indexadores escolhidos serão contestados; o adotado não deverá fugir à regra. O princípio constitucional que assegura a manutenção do poder aquisitivo da moeda cederá majestade à força imperiosa da necessidade de cumprir as obrigações assumidas.

Certas entidades representativas foram ao Poder Judiciário federal e, esse, em primeira instância, contraditando a Carta Magna, decidiu que os reajustamentos deveriam ser aferidos com base no salário mínimo (sic).

Estabeleceu-se uma distinção em face dos demais regimes de previdência social. Pagar as mensalidades, como o INSS faz, com a variação integral do INPC reduziria o déficit para 3 bilhões de reais (item 10 do Ofício n. 181/09-GS).

d) Questionamentos práticos

Incertezas emergirão se o processo não for empreendido com a mais completa transparência. É imprescindível a existência de uma Cartilha de Explicações, com a divulgação do balanço das contas em 26.5.09, acompanhado de pareceres de auditorias externas e do Ministério Público.

e) Tábua de mortalidade

A adoção da Tábua de Mortalidade 2007 do IBGE é quase incensurável, mas superior seria aquela que tivesse como clientela protegida apenas os profissionais do Direito e não a escolhida pela Fundação IBGE. A OAB deve ter informações úteis para um levantamento dessa natureza.

Isso possivelmente também será questionado, se não houver amplo debate e divulgação do seu significado técnico.

f) Atualização dos valores

De modo geral, o critério de atualização dos valores será o da Caderneta de Poupança, enquanto, de longa data, o RGPS pratica a variação integral do INPC.

A extinção será acompanhada por representantes da categoria. As entidades devem montar uma força-tarefa permanente, com profissionais conhecedores da matéria para essa supervisão.

g) Portabilidade de recursos

Tendo em vista a importância da divulgação do conhecimento técnico, a lei deveria contemplar um dispositivo que explicitasse a existência da portabilidade de fato. Ou seja, a oportunidade de os titulares transferirem os recursos resgatados diretamente para a OABPrev ou outra EFPC, com as devidas adaptações.

Se ela tivesse positivado essa figura, os participantes não seriam onerados com o Imposto de Renda. Julga-se que essa ausência se deve a um receio infundado de que seria mais um elemento indicativo da condição de entidade associativa.

A posse de um valor significativo na forma de um pecúlio, não direcionado para uma EFPC, sabidamente não é protetiva nem previdenciária. O *quantum* do resgate pode ser consumido imediatamente, não securitariamente, e deixar de atender o seu propósito final, máxime em relação a aposentados idosos, uma grande parcela da clientela protegida.

h) Natureza da determinação

O art. 1º fala em extinção da Carteira, mas quis dizer extinção diferida do seu plano de benefícios. Esse foi fechado a novas admissões. A Carteira poderia desaparecer juridicamente e o plano, migrar para outra entidade que o gerisse. A extinção de um plano de benefícios ou de uma entidade não se confunde com a liquidação extrajudicial. Aliás, um processo de extinção programado para 80 anos verdadeiramente não é uma modalidade de extinção.

i) Impropriedade vernacular

Manteve-se essa vetusta nomenclatura "Carteira", não mais usada no Direito Previdenciário, provavelmente com receio de haver identificação com uma EFPC. Quando a norma insiste em declarar a não identificação é porque se tem que isso viesse a acontecer. Quer se queira ou não, é uma entidade de previdência social sem personalidade jurídica configurada jazida dentro de uma autarquia igualmente (o IPESP) destinada à extinção.

O IPESP chegou a administrar nove carteiras: advogados (Lei n. 5.174/59); economistas (Lei n. 7.384/62); predial (Decreto n. 50.482/68); serventias (Lei n 10.393/75); lazer (Decreto n. 6.917/75); bolsa de estudos (Decreto n. 6.916/75); deputados estaduais (Lei n. 951/76); vereadores (Lei n. 3.930/83); e plano odontológico (Decreto n. 23.746/85).

j) Direito à manutenção

Alhures sustenta-se que inexiste direito adquirido a regime jurídico. Respeitado o direito adquirido, é possível a justificada substituição. Uma lição deve ser lembrada, a que vem da previdência complementar: para se retirar, antes a patrocinadora tem de reequilibrar o plano até a data-base (Resolução CPC n. 6/88).

Com efeito, exceto na órbita política (*anspruch*), não subsiste direito a manutenção do plano de benefícios anterior. Desde que fundado tecnicamente, um *factum principis* se impõe e afeta extraordinariamente o que foi anteriormente institucionalizado.

Uma decisão judicial que garantisse a continuidade da Carteira como antes das mudanças, da mesma forma teria de assegurar a preservação de todas as demais patrocinadoras ou que elas fossem autorizadas a se retirar dos planos, o que é impensável.

Capítulo II
NOVAS INSCRIÇÕES

Na linha da ideia de extinção do plano de benefícios da Carteira, no parágrafo único do art. 1º fica expressamente determinado que novas inscrições e reinscrições não serão permitidas. Com isso, tecnicamente, tem-se um plano fechado, com os desdobramentos científicos próprios e um fato relevante a ser considerado quando da interpretação da matéria.

A Resolução IPESP n. 272, de 21.12.07, já havia suspendido temporariamente essas novas inscrições.

a) Conceito de inscrição

Inscrição é o título que se atribui ao ato formal que viabiliza o ingresso de um participante num plano de benefícios. Ela dá início à relação jurídica de previdência social, muitas vezes, definindo direitos.

Constitui um instituto técnico cujo supedâneo material é o exercício da atividade jurídica do profissional do Direito para isso habilitado pela OAB, nos termos da Lei n. 8.906/94, que poderia ser chamado de filiação e com o qual não se confunde.

b) Reinscrição do titular

Reinscrição era a hipótese legal que autorizava alguém que tivesse se afastado da Carteira e a ela retornasse uma segunda vez ou outras vezes. E que está vedada. Às vezes, reeditada porque por ocasião da saída não havia saque das importâncias aportadas (resgate).

c) Vedação legal

Com isso, os advogados que não ingressaram na Carteira até 21.12.07 não puderam mais fazê-lo.

Filiados obrigatoriamente ao RGPS, caso queiram complementar o benefício do INSS, eles têm à disposição uma entidade fechada associativa de previdência complementar da categoria profissional, em que é permitido o ingresso, o afastamento e a volta ao regime protetivo.

d) Inscrição de dependentes

Ao referir que dos seus quadros farão parte "apenas os atuais segurados ativos e inativos", fica claro que os atuais participantes têm permissão para inscrever beneficiários. Exceto se o matemático especificar, indivíduo por indivíduo, o custo atuarial de cada um, não se vislumbra qualquer impedimento legal para admissão de novos dependentes.

Os arts. 4º e 5º vedam apenas a inscrição de futuros advogados. O art. 17 admite a impugnação de inclusões, mas tecnicamente inexiste obstáculo ao segurado solteiro casar-se e inscrever a esposa ou dela se separar e unir-se a uma companheira. Como antecipado e excepcionado, o custo para a entidade é o mesmo.

e) Natureza da vedação

A cessação de novas inscrições é uma característica do diferimento do fim de um plano de benefícios que resta fechado para admissões e com um regime jurídico distinto. Quem examinou a fortaleza do plano e as perspectivas futuras deve ter sentido que ele seria inviável em certo espaço de tempo (uma decisão puramente atuarial) e daí propugnar essa proibição. Uma razão técnica, eminentemente matemática, escoltada pelo pressuposto lógico, juridicamente indiscutível.

Um plano de benefícios pode ser extinto por vários motivos: a) morte natural (cumprimento final de suas finalidades; b) migração para outra modalidade de plano (por ex., do BD para o CD); c) desequilíbrio inequacionável; d) retirada da patrocinadora; e) impossibilidade de gestão; f) comportamento da massa; g) vontade dos participantes; h) cobertura pelo RGPS; i) disposição legal; etc. Futuramente, caso seja restabelecido o equilíbrio do plano de benefícios, a decisão pode ser revista.

O conhecimento e a experiência de boa parte da doutrina previdenciária complementar que trata da extinção dos planos de benefícios das EFPC serão úteis para solucionar dissídios que possam se apresentar sob esse aspecto.

f) Inscrição *sub judice*

A solicitação de um advogado que por qualquer motivo, antes da mudança, esteve discutindo o seu ingresso na Carteira e cuja dúvida acabe por ser solucionada administrativa ou judicialmente após essa data terá de ser considerada. Tendo manifestado a vontade de ingressar antes da proposição da extinção e preenchendo preteritamente os requisitos legais para isso, a inscrição não poderá ser recusada.

g) Princípio da universalidade

A vedação do ingresso num plano em extinção não ofende o princípio da universalidade, destinado exclusivamente aos planos equilibrados, superavitários ou deficitários, com déficit contornável, portanto administráveis, mas não para aqueles que apresentam os elementos da liquidação extrajudicial da previdência complementar.

Capítulo III NATUREZA DA ENTIDADE

A Carteira de Previdência dos Advogados, conhecida como "Carteira" (expressão usual na época de sua implantação), foi instituída pela Lei Estadual n. 5.174/59, a ser administrada pelo IPESP, autarquia criada na histórica data de 9 de julho de 1935, três anos depois da Revolução Constitucionalista.

Nesse tempo, tinha por objetivo pagar benefícios previdenciários básicos para os advogados. A LOPS, com o seu art. 5º, IV, os tornou segurados obrigatórios em 26.8.60 (*O empresário e a previdência social*. São Paulo: LTr, 1978).

a) Instituto de previdência

Nessas condições, ter-se-ia que entendê-la até 25.8.60 como um regime próprio de previdência social, verdadeiramente um instituto de previdência social embutido numa autarquia estadual que, *per se*, não era um regime próprio. Desde o vetusto DNPS, essa classificação foi disciplinada em resoluções normativas. Por isso, o art. 12, § 2º, do Regulamento do Custeio da Previdência Social (Decreto n. 83.081/79) estabeleceu que: "entende-se como regime próprio de previdência social aquele que assegura pelo menos aposentadoria e pensão". A Carteira garantia os dois benefícios mediante contribuição.

b) Regime próprio

"Regime próprio" é uma expressão equivocada e *ab initio* consagrada no Direito Previdenciário desde uma antiga Resolução do DNPS, matéria regulamentada na Lei n. 9.717/98, agora desenhada no art. 2º da Portaria MPS n. 402/08.

Aquele gestor governamental federal desejou identificar os regimes de previdência dos Estados, do Distrito Federal e dos Municípios para distingui-los do RGPS (locução que também padece de impropriedades semânticas). Nessa linha de raciocínio, curiosamente até mesmo o chamado regime único não era único: na prática vem admitindo celetistas e estatutários (*sic*). Verdadeiramente, os regimes de previdência social são próprios e gerais, mas legalmente o regime geral é o da Lei n. 8.213/91, e os demais são ditos próprios (*sic*).

Advirta-se que "RGPS" é designação referente à previdência básica dos trabalhadores. Aludir-se à complementação de um servidor somente é possível depois da aplicação dos §§ 14 e 16 do art. 40 do Estatuto Superior.

Dessa forma, complementando as aposentadorias e a pensão, tecnicamente não se poderia falar em um regime próprio dos advogados (o RPPS).

c) Natureza do IPESP

O Estado de São Paulo adotou uma solução *sui generis*: os cofres públicos pagariam aposentadorias ao servidor (no início, com caráter de prêmio) e o IPESP desembolsaria apenas a pensão por morte. Exceto se combinados esses dois mecanismos previdenciários separados em dois órgãos da administração estadual, não se poderia falar em regime próprio, como veio a ser desenhado na Lei n. 9.717/98 (*Reforma da previdência social*. São Paulo: LTr, 2004. p. 126).

d) Entidade associativa

A partir da LOPS, a Carteira tornou-se um plano de benefícios complementador das prestações devidas aos advogados pelo RGPS. Por falta de comandos legais institucionais, até 15.11.77 era descabido classificá-la, ainda que pudesse ter sido de fato, como uma EFPC associativa (art. 86 da Lei n. 6.435/77).

Não fora o fato de ser uma instituição sem personalidade jurídica formal, diante da indefinição legal e dos termos do art. 1º de sua lei criadora, podia tal Carteira ser acolhida como uma autarquia estadual voltada para a previdência social dos advogados não servidores públicos e de outras categorias de profissionais.

e) Posicionamento do MPS

Qualquer tentativa de deslinde cogitado dependerá do enquadramento científico da técnica protetiva: se previdência básica ou complementar. No Ofício n. 516/SPS/DRPSP/CGNAL, de 29.7.08, assinado pelo Diretor do Departamento dos Regimes de Previdência no Serviço Público, *Delúbio Gomes Pereira da Silva*, o entendimento oficial é de que não era um regime próprio e apresentava características de uma entidade associativa.

Como deixou de ser previdência básica desde 26.8.60, possivelmente foi uma EFPC comum até 29.5.01, sem se tornar uma entidade associativa depois disso, por lhe faltar instituidor oficial, que seria a OAB/SP.

f) Previdência privada

Até o dia 15.11.77, antes que a previdência complementar fosse regulamentada no País — e, curiosamente, ela emergiu primeiro que a básica, com o Montepio Geral de Economia dos Servidores do Estado (MONGERAL) de 10.1.1835 (sic) —, algumas organizações vinham cuidando da complementação das prestações dos então IAPs (entidades corporativas, previdenciárias, assistenciárias, empresariais, montepios, etc.).

O art. 81 da Lei n. 6.435/77 já pontuava: "As entidades que, na data de início da vigência desta Lei, estiverem atuando como entidades de previdência privada terão o prazo de 120 (cento e vinte) dias, contados da expedição das normas pelo Órgão Executivo do Sistema, para requererem as autorizações exigidas, apresentando planos de adaptação às disposições desta Lei."

Foi concebida como instituição de previdência e, no caso da Carteira, pelo menos até 25.8.60, como um Instituto de Previdência Social.

Publicados essa Lei n. 6.435/77 e o Decreto n. 81.240/78, as entidades tiveram de se adaptar a nova ordem. Na ocasião, não havia previsão de EFPC pública (CF, art. 40, §§ 14 e 16) nem associativa. Somente as implantadas por patrocinadores privados estatais ou não.

Ao defini-la, o art. 1º da Lei n. 6.435/77 dizia que "são as que têm por objeto instituir planos privados de concessão de pecúlios ou de rendas, de benefícios complementares ou assemelhados aos da previdência social, mediante contribuição de seus participantes, dos respectivos empregadores ou de ambos".

Na disposição ora reproduzida, destaca-se que os planos tinham de ser privados (excluía os planos públicos) e a contribuição deveria provir de duas fontes (empresas e empregados), sem previsão de qualquer contribuição de terceiros (art. 3º).

Destarte, em termos de sua regulamentação, pode-se sustentar que a previdência fechada no Brasil teve início em 15.11.77, ou seja, 120 dias depois da publicação da Lei n. 6.435/77 no DOU e de seu decreto regulamentador.

Nesse sentido, definia-se uma EFPC como a que "tem como objeto a administração e execução de planos de benefícios de natureza previdenciária" (art. 32).

Considerando-se a complementaridade como nuclear na caracterização, ter-se-ia que a Carteira dos Advogados foi um fundo de pensão de fato, administrado por uma autarquia estadual. E que, em toda a sua existência, não cumpriu o aludido art. 81, e, aparentemente, nunca isso foi suscitado.

g) Lei Complementar n. 109/01

A LC n. 109/01 é a lei básica da previdência particular dos trabalhadores das empresas privadas. Perfilhando a Norma Maior, ela salienta o caráter complementar da instituição, sua autonomia em relação ao RGPS, ser facultativa e baseada em reservas monetárias (art. 1º). Seu plano de benefícios deve ser operado por entidades e executar apenas prestações previdenciárias (art. 2º).

Olvidando-se por ora ter sido criada por lei e entendendo-se que a Carteira era uma instituição de fato, sua construção se aproximou da EFPC associativa (LBPC, art. 31, II), faltando-lhe tão somente a pessoa jurídica instituidora, o que obsta tal classificação.

Em 29.5.01 quando da vigência da LBPC, em virtude de complementar as prestações do RGPS, pouco importando ser administrada por autarquia que também cuidava de prestação básica do servidor (pensão por morte) e ter sido criada por lei estadual, essa Carteira manteve-se com algumas semelhanças de EFPC associativa, máxime depois da Lei n. 11.608/03, que pôs fim a principal contribuição de terceiros.

O fato de a lei implantadora da Carteira ter delegado a terceiros a gestão de sua administração, do patrimônio e dos recursos, máxime para uma autarquia estadual, também lembra a mesma EFPC associativa prevista no art. 31, § 2º, I, da LBPC.

Diz *Delúbio Gomes Pereira da Silva*: "Permite-se, contudo, identificar certa afinidade entre o caso apresentado e as regras definidas para o Regime de Previdência Complementar, tratado no art. 202, da Constituição, e tutelado constitucionalmente por meio da EC n. 20/98, em que pese a constituição da Carteira, como referido, ter ocorrido antes da mencionada Emenda." (ob. cit., item 21)

h) São Paulo Previdência — SPPREV

Destarte, a SPPREV (um regime próprio de Previdência Social) concebeu certo regime próprio básico estadual e absorveu dois regimes preexistentes: a) do Estado de São Paulo (que pagava aposentadorias); e b) do IPESP (que pagava pensão).

Atualmente, é uma excrescência; administrativamente, acolhe o que se pode chamar de um regime especial, o dos advogados.

Diante do vazio normativo, a Carteira se apresenta como um estranho no ninho *ex vi legis* e, nessas condições, será administrada pelo IPESP, recebendo contribuições e pagando os benefícios para seus inscritos e seus dependentes.

O antigo Regulamento do IPESP (Decreto n. 30.550/89) dizia que eram finalidades precípuas da autarquia estadual, então criada, "administrar sistemas de previdências de grupos profissionais diferenciados" (art. 2º, II). Em particular, incluía certa Carteira de Previdência dos Advogados de São Paulo (§ 2º, 1). E historicamente, mais oito.

Nos termos do art. 22 da LC n. 1.010/07, a SPPREV é sucessora do IPESP. Essa nova autarquia absorveu a autarquia estadual criada em 9.7.35 (art. 93 da Constituição Estadual de 1935). Todos os créditos e os débitos ou os direitos e as obrigações do IPESP foram cometidos à SPPREV.

Assim sendo, ainda que a Lei n. 5.174/59 tenha sido formalmente revogada e informalmente a Carteira ainda continue existindo, ela obriga-se a manter os benefícios concedidos nos termos da Lei n. 10.394/70 e os que se seguirem, auferindo contribuições e desembolsando as prestações para os contribuintes que tiverem preenchido todos os pressupostos regulamentares.

Os ônus administrativos que o Estado de São Paulo assumiu em 1959 permanecem válidos e serão realizados na medida do possível, em face do desequilíbrio atuarial e financeiro do plano de benefícios da Carteira.

Ainda que a lei não determine a liquidação da Carteira dos Advogados, a SPPREV deveria dar exato cumprimento ao prescrito no art. 10 da Lei n. 9.717/98, ou seja, assumir "integralmente a responsabilidade pelo pagamento dos benefícios concedidos durante a sua vigência...".

i) Enquadramento oficial

Em norma interpretativa, diz o art. 2º da Lei n. 13.549/09 que a Carteira não se enquadra no "regime de previdência complementar e nas demais normas previdenciárias". A entidade não adquire necessariamente essa ou aquela classificação porque uma lei estadual o declare. Também não deve ser entendido que não se enquadra em "demais normas previdenciárias"; isso não é verdade. Quer essa lei que seja uma organização estadual diretiva de um plano de benefícios. Não será despiciendo lembrar a diferença entre um plano em liquidação e um plano fechado destinado à extinção.

Liquidação é um processo assemelhado à falência comercial e atende as várias excepcionalidades, indo de encontro até mesmo ao sagrado direito adquirido. O liquidante é pessoa com poderes de gerência que superam os do interventor e do administrador normal. O plano fechado é um plano de benefícios comum cuja única excepcionalidade é não admitir novos participantes, gerido sob as regras habituais da previdência social.

Depois da Lei n. 13.549/09, ela se mantém como um plano de benefícios vedado a novas inscrições, portanto, destinado à futura extinção. Não é uma entidade sob liquidação extrajudicial; logo, não se aplicam as regras da Lei n. 6.024/74 nem as da LBPC. A responsabilidade dos gestores é que se vê na LBPC, nos termos do art. 24, parágrafo único, ou seja, "pelos atos que o liquidante de acordo com esta lei praticar responderá exclusivamente o patrimônio da Carteira".

Entretanto, embora a lei não tenha determinado uma liquidação extrajudicial, é desavisado não invocar analogicamente princípios securitários quando da interpretação.

j) Conclusão classificatória

Destarte, não possuindo instituidor nos moldes de uma EFPC associativa, a Carteira é uma entidade fechada de previdência social privada, exclusivamente dos advogados, e em processo de extinção. Não tem personalidade jurídica; os planos de benefícios das EFPC também não têm.

Capítulo IV GESTÃO DA EXTINÇÃO

Lapidarmente assegura o § 1º do art. 2º que: "A Carteira dos Advogados será administrada por liquidante, a ser designado pelo Governador dentre entidades da administração indireta do Estado."

Nessas condições o Decreto Estadual n. 54.478, de 24.6.09, designou o IPESP como liquidante. Uma autarquia estadual, pessoa jurídica de direito público, que era destinada a ser extinta pela Lei Complementar Estadual n. 1.010/07 (art. 40, § 1º).

O mesmo decreto atribuiu ao diretor presidente da SPPREV o poder de editar um Regimento Interno da Carteira e dar posse aos membros do Conselho Administrativo. Logo, embora tenha sido designada pessoa jurídica como liquidante, uma pessoa física a comandará.

a) Papel do IPESP

Assim, tem-se que o IPESP dirigirá a Carteira em extinção, significando que manterá as atividades anteriores quando o plano de benefícios estava em aberto e funcionando.

b) Atos de gestão

O liquidante será polo ativo e passivo em pretensões, reclamações e postulações administrativas ou judiciais. As atribuições desse administrador são complexas, difíceis, excepcionais e superam as que tinham o IPESP antes de 27.5.09, porque diligenciará no sentido de pôr fim a um plano de benefícios destinado a sobreviver por algumas décadas, em condições atípicas, enfrentando toda sorte de dificuldades, incompreensões e discussões.

Gerenciar, *in casu*, significa empreender todas as atividades antes exercitadas, além das próprias da extinção extrajudicial.

c) Recursos humanos

O liquidante servir-se-á de trabalhadores da autarquia estadual. Quando necessário, admitirá terceiros, autônomos, enfim, empreenderá os serviços próprios da área de recursos humanos.

d) Práticas comerciais

Esse gestor pagará dívidas e receberá créditos em nome da entidade exatamente como antes fazia a direção do IPESP.

e) Atividades previdenciárias

O liquidante controlará o recebimento das contribuições dos inscritos depositadas em conta-corrente bancária e mandará pagar os benefícios para aposentados e pensionistas. Contratará quem faça os exames periciais e a auditoria atuarial. Sempre mediante regular processo licitatório e submetido ao controle de legalidade de seus atos pelo TCE (Lei n. 8.666/93).

f) Atuação judicial

A divisão jurídica da Carteira ajuizará ações e defenderá a Carteira, que não tem personalidade jurídica própria, agindo em nome do IPESP, encarregado da difícil tarefa de interpretar a legislação.

g) Representação oficial

O liquidante representará a Carteira em inúmeras oportunidades, celebrando convênios, acordos, enfim, todos os atos compatíveis com o que o IPESP já vinha praticando.

h) Conselho administrativo

Na condição de órgão colegiado de representação, o Conselho Administrativo não subordina nem é subordinado ao liquidante, que procederá em consonância com suas atribuições de gestor oficial de uma entidade. Quando convocado, deve comparecer para prestar esclarecimentos e manter contato com esse Conselho.

i) Enquadramento previdenciário

Se não for um servidor estadual, o liquidante será um contribuinte individual, sofrendo a retenção de 11% dos seus honorários até R$ 3.416,54, sujeitando a Carteira a recolher 20% da importância auferida.

Capítulo V RESPONSABILIDADE DO ESTADO

Preocupado com os desdobramentos futuros e não subtraindo estar numa posição politicamente defensiva, tentando se antecipar ao julgamento futuro, os §§ 2º e 3º do art. 2º deixam claro que o Estado de São Paulo — criador da autarquia IPESP, que admitiu em seu bojo a Carteira em 1959 e a geriu todo esse tempo — não se responsabilizará pelas prestações, por indenizações ou insuficiências patrimoniais. Passada, presente ou no porvir.

A afirmação "Pelos atos que o liquidante de acordo com esta lei praticar responderá exclusivamente o patrimônio da Carteira" (art. 24) não é suficiente. Se ele agir de acordo com a lei, não tem responsabilidade alguma, e se proceder em desconformidade com ela responderá nos termos da Lei n. 6.024/74 ou do Código Civil, na condição de liquidante de uma instituição com caracteres de financeira. E o Estado, que o nomeia, será um corresponsável.

Ignora que essa determinação se vincula tão somente a Administração Pública estadual e não a terceiros. Ou seja, *per se*, ela não elide qualquer eventual dever que possa ser apurado e atribuído ao Governo do Estado de São Paulo.

O final do dispositivo denota insofismavelmente a postura da política governamental, provavelmente nascida da Lei n. 9.717/98, que veda recursos estatais não previdenciários para cobrir despesas previdenciárias.

Moralmente, tais responsabilidades são imensas; elas envolvem pessoas jurídicas da União (MPS, Poder Judiciário Federal, Ministério Público paulista e algumas entidades privadas); compreendem largo espectro, que pode ser apreciado sobre uma quádrupla análise (histórica, técnica, política e um subproduto indiscutível: moral); e, por último, avaliação judicial.

a) Retrospecto histórico

A Lei n. 5.174/59 é anterior à LOPS, mas posterior à legislação do ex-IAPC, que filiava os advogados (*O empresário e a previdência social*. São Paulo: LTr, 1978).

Nesses idos da década de 1960, comumente, os regimes previdenciários adotavam o regime financeiro de repartição simples e implantavam aposentadorias por tempo de serviço sem grandes preocupações com o cálculo atuarial. Com influência doutrinária do Plano William Beveridge e do Relatório João Batista Ramos (que desaguou na Lei n. 3.807/60), o número crescente de novos advogados paulistas custearia os benefícios dos jubilados, e isso somente aconteceria 35 anos depois, ou seja, de 1994 em diante.

Na mesma época, era possível obter recursos fora da clientela protegida, o que prevaleceu até sobrevir o entendimento de que somente os segurados e os empregadores contribuiriam.

Surgida em 1923, a estrutura previdenciária brasileira era incipiente e não se deu conta de que boa parte dos recursos provenientes das fontes externas poderia ser contestada mais tarde.

Em 1977, sobreveio a regulamentação da previdência complementar e, tendo em vista a filiação dos advogados ao RGPS, em 1960, passou despercebido que a Carteira tinha alguma semelhança com a previdência complementar fechada (Lei n. 6.435/77). Semelhança, apenas, porque não era idêntica, uma vez que estava ausente o patrocinador. Quando a LBPC disciplinou a previdência associativa restou mais clara a semelhança, mas não uma identidade.

Dadas as circunstâncias atípicas da Carteira, nesse momento, o próprio MPS deveria ter suscitado a dúvida e esclarecido qual era sua natureza, só vindo a se manifestar por provocação.

b) Avaliação técnica

O IPESP, que acolheu a Carteira dos Advogados em 1959, *ex vi* de uma lei estadual, não se ocupou em rever o plano de benefícios para ajustá-lo às novas realidades (tábua de mortalidade adequada à clientela protegida e mais hodierna, perda substancial de recursos a partir da Lei Estadual n. 11.608/03, critério de atualização dos benefícios, equilíbrios atuarial e financeiro, etc.).

Aparentemente, ninguém percebeu que a previdência básica sofreu uma extraordinária mudança a partir da Emenda Constitucional n. 20/98 e que muitos planos das entidades fechadas estavam migrando do regime financeiro do benefício definido para o de contribuição definida (tipo de plano tido como possivelmente mais fácil de ser gerenciado e teoricamente infenso a déficits).

Fica a impressão de que enquanto o plano esteve equilibrado não foram promovidas as verificações atuariais periódicas que, ainda que não fosse uma EFPC, a Lei n. 6.435/77 sempre recomendou.

O IPESP era uma autarquia estadual que dirigia a Carteira, recebendo contribuições e pagando benefícios, logo, responsável pelo sucesso do plano de benefícios. Ainda que contabilmente os recursos não fossem compartilhados com as receitas para pagamento das pensões dos servidores, o ônus administrativo era evidente.

Não é correto pensar que, por ter historicamente se equivocado quando acolheu a Carteira, o Estado de São Paulo não tenha qualquer dever. E também não é adequado ajuizar que uma lei estadual posterior possa elidir essa responsabilidade. O fato de ter havido dois grandes eventos significativos (perda de parte da receita determinada por exigência federal e critério de atualização) não arreda os encargos.

c) Atuação política

No passado, a movimentação política de iniciativa das entidades representativas da categoria foi insuficiente. Só agora, nos anos 2007/2009, é que evitou a liquidação do ativo e do passivo, mantendo-se o plano, ainda que fechado a novas admissões.

Não dilui de todo a possibilidade de sobrevir uma liquidação futura, e isso depende do comportamento da massa. Se um número elevado de advogados não confiar na entidade e resgatar o que lhe é devido, ainda que com o advento do aumento das contribuições, o plano pode destinar-se ao fracasso, se comparado com o sucesso que se imaginava anteriormente.

d) Aspecto moral

Toda a classe dos advogados paulistas tem parte da responsabilidade, na medida em que pouco exigiu dos seus representantes uma atuação mais adequada à realidade que se apresentava. Esse ônus é quase impessoal porque mesmo num regime democrático como o nosso ainda não foi criado mecanismo útil para eventuais cobranças. Quem se inscreveu e confiou agora padece de aflições.

e) Processo judicial

À vista dos acontecimentos históricos, do ineditismo da situação e do cenário das dificuldades da previdência social, levando em conta que se trata de complementação de benefícios, ainda que a Carteira não seja uma previdência associativa, o imenso encargo financeiro do Estado de São Paulo pesará no julgamento dos magistrados.

Quando da quebra de entidades abertas e da retirada de patrocinadoras das entidades fechadas, a despeito da leviatânica presença do MPS, não se conhece decisão que atribua responsabilidade à União, e provavelmente é esse o destino das ações tentando onerar o Estado de São Paulo, ainda que efetivamente ele seja o principal responsável.

f) Responsabilidade das entidades

A Carteira funcionou durante quase 50 anos com suas características básicas. Durante esse meio século, os dirigentes das entidades representativas dos advogados, que não são poucas, se sucederam após os seus mandatos, alguns com maior ou menor preocupação com o destino da entidade. Fora do âmbito dos especialistas e entre eles os matemáticos e os estudiosos do Direito Previdenciário, evidentemente após a Lei Estadual n. 11.608/03 é que o tema veio à baila; motivados técnica ou politicamente, como é muito natural em corporações.

Nesse concerto de história e atualidade, perde sentido tentar determinar sequer ética ou politicamente os eventuais culpados. Embora muitos arguam que deveriam ser tomadas providências para substituir a falta de receita (fala-se em 80% das entradas), nenhum desses autores indicou qual seria a solução correta.

O certo é que em algum momento da história da Carteira, quando o País não experimentava a observância dos parâmetros técnicos, institucionais e filosóficos da previdência social, não era lícito esperar que comparecessem críticas às fontes de custeio externo.

A Carteira dos Advogados, aliás, não era a única. Seria o mesmo que tentar acusar os dirigentes federais posteriores a 1960 das mazelas atuais do RGPS.

Uns mais, outros menos, somos todos responsáveis e quando erramos devemos arcar com as consequências.

Capítulo VI   RECURSOS ORÇAMENTÁRIOS

De forma categórica, o art. 2º, § 3º, diz: "É vedada a inclusão na lei orçamentária anual, bem como em suas alterações, de quaisquer recursos do Estado para pagamento de aposentadorias e pensões de responsabilidade da Carteira dos Advogados."

Além de afirmar irresponsabilidade do Estado de São Paulo, no § 2º do art. 2º, novamente, a Lei n. 13.549/09 pretende considerar indevida a inclusão orçamentária de verbas que garantam os benefícios para os segurados.

Tal ditame destina-se à administração estadual em termos de edição de decreto que incluísse tais provisões; amanhã, se necessário for e assim se vir obrigado o Estado, até mesmo por sentença judicial condenatória, uma lei posterior revogaria essa disposição.

Decisão judicial nesse sentido isentaria a Assembleia Legislativa de qualquer impropriedade em relação ao que acima está fixado e da mesma forma elidiria a responsabilidade do servidor que a cumprisse.

De todo modo, fora dessa hipótese, a norma se impõe e a lei orçamentária estadual não pode prescrever qualquer verba para tal finalidade.

Mais do que uma vedação bastante clara, esse preceito não comporta muitas dúvidas: é visível mais uma vez a preocupação do Governo Estadual de tentar não assumir responsabilidades em relação à Carteira.

Trata-se de uma medida administrativa referente à inclusão e não um obstáculo ao cumprimento de um mandamento judicial que eventualmente o Estado de São Paulo se submeta a um dever previdenciário, cujo principal óbice é esse § 2º do art. 2º, em que a unidade federativa tenta se eximir de responsabilidades.

O final do art. 2º deixa claro que tais verbas não responderão por benefícios anteriormente concedidos, requeridos antes e agora deferidos, e também pelos futuros. Vale dizer: nenhum deles. Mas não incluiu as despesas administrativas do IPESP, previstas no Projeto de Lei, que não comparecem na lei.

Capítulo VII BENEFICIÁRIOS DO PLANO

Lembrando o art. 16 do PBPS, o art. 3º estipula quais são os destinatários do plano de benefícios da Carteira. Curiosamente, traindo a origem da redação do texto do Projeto de Lei (serviço público estadual), fala em "proventos", que é o direito mensal do servidor jubilado. Quis dizer prestação ou mensalidade previdenciária. Os beneficiários formam dois grupos de pessoas físicas: os segurados e os seus dependentes. Não existem pessoas jurídicas envolvidas na relação.

a) Segurados inscritos

Os segurados são os advogados inscritos até quando isso foi possível. Os que estavam discutindo a inscrição e ganharam a causa após a mudança podem ser inscritos *a posteriori*.

Esses segurados têm direito a dois tipos de aposentadorias: por inscrição e por invalidez. Transitoriamente, ao resgate. Não há previsão de auxílio-doença, o que complica a definição da aposentadoria por invalidez.

b) Dependentes do segurado

Dois subgrupos de pessoas físicas constituem os dependentes.

O primeiro subgrupo é formado pelo núcleo familiar básico: 1) cônjuges casados; 2) companheiros heterossexuais; 3) conviventes homossexuais; e 4) filhos solteiros até 21 anos ou inválidos.

Os dependentes somente têm direito a um benefício, a pensão por morte, mas temporariamente, da mesma forma, podem requerer o resgate das contribuições vertidas pelo segurado.

No segundo subgrupo estão os pais do segurado que tiverem dependência econômica desse, se não existirem dependentes do primeiro subgrupo.

c) Irmãos do advogado

Não havia previsão para os irmãos do segurado na lei anterior e continua sendo assim.

d) Auxílio-reclusão

O auxílio-reclusão não foi contemplado. A família do advogado presidiário poderá continuar mantendo a condição de inscrito mediante a contribuição como facultativo. Observadas as condições da Lei de Execução Penal (Lei n. 7.210/84) e autorizado a trabalhar, ele poderá manter-se como contribuinte individual do RGPS (*Direito dos presos*. São Paulo: LTr, no prelo em 2010).

e) Pessoas designadas

Acompanhando a legislação do RGPS, não pode haver a designação de quaisquer pessoas.

f) Herdeiros do titular

Falecendo o titular e não existindo dependentes, mediante autorização judicial, os herdeiros poderão receber eventuais valores por ele deixados.

g) Participante resgatante

Uma vez efetuado o resgate, cessa a relação jurídica entre o advogado e a Carteira.

i) Segurado e dependente

Na hipótese de os casados ou unidos serem advogados inscritos, ambos serão segurados e mutuamente dependentes. Nesse caso, falecendo o primeiro deles, o supérstite fará jus à pensão por morte, sem prejuízo de eventual aposentadoria.

j) União estável

Especialmente no que se refere às uniões estáveis, de certa forma a definição da condição de dependente será praticamente influenciada pelas decisões do INSS, do RPPS, da SPPREV, da OABPrev, das companhias seguradoras ou dos fundos de pensão abertos e fechados; afetando a conceituação jurídica do liquidante. Igual raciocínio vale para a aposentadoria por invalidez concedida ou negada por esses regimes próprios de previdência social.

k) Qualidade de segurado

À exceção do art. 20 da lei anterior, a nova lei não especificou sobre a qualidade de segurado, julgando-se que o regulamento o fará.

Capítulo VIII   SEGURADOS INSCRITOS

A Carteira dos Advogados, desde sua implantação com a Lei n. 5.174/59, sempre funcionou como um regime de previdência social exclusivamente de certos profissionais do Direito, os advogados (art. 3º, I). Praticamente a clientela da OABPrev.

Esses segurados somente fazem jus a uma de duas aposentadorias previstas na lei. Eventualmente, têm direito cumulativamente à pensão por morte, no caso de o cônjuge falecido também ter sido advogado inscrito na Carteira.

Atualmente, o conceito de advogado que pertence à Carteira em extinção é limitado àqueles que legitimamente estavam inscritos até 26.5.09.

Em 31.12.09, quem tiver 65 anos de idade mais 35 anos de inscrito na OAB e 20 anos de pagamento à Carteira tem direito.

a) Participante ativo

É o advogado inscrito na OAB e na Carteira ainda sem ter requerido e usufruído o direito aos benefícios. Diante do silêncio normativo e da linha que os separa dos participantes assistidos, entender-se-á que aqui estão incluídos os segurados em risco iminente, ou seja, aqueles que têm direito, mas não o exercitaram. O conceito é relevante na medida em que a clientela protegida da Carteira será separada em dois grupos distintos, para vários fins: ativos e inativos.

b) Participante assistido

É aquele que vem recebendo um benefício concedido anteriormente à data-base ou depois dela e não optou pela faculdade do resgate, já que não é acolhida juridicamente essa prestação como um benefício.

Situação particular a ser definida é a daqueles que tiveram suspenso o pagamento das mensalidades ou cancelado o benefício; ambos serão tidos como assistidos.

c) Advogado licenciado

O advogado licenciado da OAB ou da Carteira não é entendido como participante.

d) Advogado remido

A remissão é uma figura da OABPrev inexistente na Carteira.

e) Advogado vinculado

O profissional afastado da OAB que manteve o direito de contribuir para a Carteira é um contribuinte ativo.

f) Perda da condição

Quando um advogado perde o vínculo com a OAB, ele fica sem a base da filiação. Na Lei n. 10.394/70 havia previsão não revogada para o facultativo (art. 6º).

Somente o inscrito pode participar do processo histórico de extinção. Antes da data-base, quem foi autorizado a contribuir naquela condição, com a chamada dupla quota, mantém a condição de inscrito. E também os que futuramente ingressarem nessa situação.

Não existe a figura da manutenção da qualidade de segurado (PBPS, art. 15). Se depois deixar a Carteira (e não provar que a DII foi anterior ao afastamento da entidade), o advogado não fará jus à aposentadoria por invalidez.

Registre-se que a dupla quota no BD perdeu certo sentido no CD. Pagando o mesmo, terá benefício diferente.

g) Mudança de Estado

O advogado que deixar de exercer atividades em São Paulo e se filiar à OAB de outro Estado somente se manterá na Carteira como facultativo, caso continue inscrito.

h) Exercente de cargo público

Profissional do Direito afastado da Carteira não é participante.

i) Inscrição cancelada

O art. 6º da lei anterior, não revogado pela nova lei, autoriza o advogado cuja inscrição foi cancelada pela OAB a permanecer no regime de proteção social como facultativo. Caso o liquidante decida por não aplicar esse dispositivo terá de pensar num resgate extemporâneo para não incorrer em enriquecimento ilícito. A previdência social não se presta como punição administrativa.

j) Ingresso do inválido

Ausente exame médico admissional na Carteira, na sistemática de ingresso, está ausente previsão quanto ao eventual direito à aposentadoria por invalidez, julgando-se que o segurado não fará jus. Ele poderia continuar inscrito e obter a aposentadoria por inscrição, além de outorgar pensão por morte. Equivale ao ingresso do incapaz do RGPS.

k) Solicitador e estagiário

Enquanto não obtiver a inscrição definitiva na OAB, o solicitador ou estagiário não faz parte do sistema.

l) Empregados das entidades

Os empregados não advogados da OAB, da AASP ou do IASP não podem se inscrever na Carteira e estão fora do sistema.

m) Idade mínima

O art. 4º, I, da lei anterior exigia idade mínima de 50 anos. A norma era anacrônica e agora, com vistas à aposentadoria por inscrição, fica sem sentido: 50 + 25 = 75 anos. Mas poderia se prestar para a aposentadoria por invalidez. O matemático assistente deve ter recomendado que os cinquentenários ficassem excluídos da inscrição inicial.

n) Segurado reinscrito

Quem regularmente obteve a reinscrição antes de 27.6.09 pode manter-se no sistema.

Capítulo IX DEPENDENTES DO ADVOGADO

Em boa parte observando o que dispunha a lei revogada e perfilhando as ideias do RGPS, do RPPS, da SPPREV e também dos planos de benefícios dos fundos de pensão fechados, são definidos os dependentes dos advogados que fazem jus à pensão por morte.

Da mesma forma, eles são divididos em dois níveis: 1) grupo familiar restrito e 2) grupo familiar extensivo.

É atendida a regra de que os primeiros membros do grupo têm presumida a dependência econômica e que os do segundo estão obrigados a demonstrá-la. Por ocasião do óbito.

Ainda conforme é assente no Direito Previdenciário, o grupo familiar restrito tem preferência sobre o pai e a mãe. Existindo apenas um dos dependentes do inciso I do art. 5º, os genitores ficam sem cobertura. Em relação a um advogado que deixar um filho com 20,5 anos de idade e pais que dele dependiam economicamente, dali a seis meses cessará o pagamento das mensalidades.

a) Objetivo da norma

O disposto no art. 5º diz respeito à pensão por morte (a par da aposentadoria por invalidez), um benefício de risco não programado destinado a pessoas da família do segurado que não contribuíram para o custeio da prestação. Por envolver respeitável aproximação com o Direito de Família, nos casos de incertezas, convém consultar o Código Civil (Lei n. 10.406/02).

Essa prestação previdenciária informa e é informada pelo que sucede em matéria patrimonial, podendo deslindar questões mais delicadas. Prova das relações familiares exigidas, *in casu*, é relevante para a definição de outros direitos presentes.

b) Marido e mulher

Como é tradicional, marido e mulher casados e não separados outorgam-se mutuamente a pensão por morte.

Abrangendo as três espécies de união costumeiras (casamento, estável e homoafetiva), o dispositivo exige a constância da convivência, criando ônus para o convencimento de sua existência.

Pessoas separadas de fato não costumam deixar muitos indícios desse estado jurídico. Não quer o legislador qualquer presunção, impondo algum tipo de persuasão da convivência *more uxorio*, possivelmente pensando na possibilidade da concorrência.

Tem-se entendido que é possível a manutenção do matrimônio mesmo quando o casal convive em distintos domicílios, recomendando-se alguma averiguação da causa determinante da excepcionalidade desse comportamento atípico.

No caso dos companheiros e dos conviventes, *per se,* a convicção das uniões é onerosa, especialmente as referentes à união homoafetiva. O correto parece ser a entidade aceitar de plano a inscrição de dependentes.

Agirá bem liquidante se acolher tão somente a certidão de óbito e de casamento, recentemente obtidas, como evidência usual do casamento.

c) Pensão alimentícia

O pagamento de pensão alimentícia juridicamente reaproxima as pessoas separadas, casadas ou não, pode decorrer de condenação judicial ou efetivar--se mediante quitações mensais de fato.

A pensão alimentícia, que substitui a prova presumida da dependência econômica dos que estão juntos, apresenta várias modalidades, como é o caso daquele que entrega um bem rentável em troca de mensalidades, do pagamento habitual de contas, aluguéis, escola, etc.

Essa pensão não é comumente reclamada dos unidos e menos ainda, nos dias de hoje, pelos conviventes homossexuais, e descabe presumi-la, devendo ser demonstrada pelos interessados.

d) Companheiro e companheira

No Direito Previdenciário, desde 1966, provada a convivência *more uxorio,* subsiste o direito dos dependentes que viveram em união estável, com ou sem filhos. Como sucede com o casamento, não há necessidade de persuasão da dependência econômica, que é presumida.

e) União homoafetiva

O Estado de São Paulo, não desconhecendo o art. 226, § 3º, da CF, e acolhendo a tese da Ação Civil Pública n. 2000.71.00.09347-0, possivelmente foi o primeiro ente político da República a positivar sobre a união homoafetiva num texto legal. Com a particularidade notável de não ter exigido a prova da dependência econômica (*União homoafetiva na previdência social*. São Paulo: LTr, 2008).

f) Filho do segurado

Os filhos menores de 21 anos, ainda que não inválidos, têm direito à pensão por morte.

São considerados dependentes os filhos naturais, adotados, enteados, adulterinos, reconhecidos.

g) Filho inválido

A invalidez dos filhos maiores de 21 anos é corroborada a partir de laudo técnico emitido após exame pericial.

O liquidante poderá organizar uma perícia médica própria ou terceirizá-la para uma entidade idônea.

h) Filha solteira

A lei revogada admitia o direito da filha solteira menor de 25 anos (art. 9º, I, *d*). A partir da nova lei, desapareceu esse direito, e se o segurado não faleceu até 26.6.09, tais filhas não fazem jus ao benefício. O direito adquirido é de quem completou os dois requisitos (idade e óbito antes da revogação do dispositivo).

i) Emancipação do filho

A norma silenciou sobre os filhos emancipados, apenas obstando a condição de dependentes para os casados. A condição de emancipado deve ser interpretada no sentido de que esse filho é independente.

j) Filhos estudantes

A Lei n. 10.394/70 previa a dependência econômica até 25 anos de idade para quem estivesse frequentando um curso superior, como certa doutrina não prevalecente pretende em relação ao RGPS. O direito não é reconhecido na atualidade pela jurisprudência e, a exemplo da filha solteira, se o segurado não faleceu até 26.6.09, não subsiste pretensão ao benefício desses estudantes, filhos de advogados.

k) Pai e mãe

Os pais do advogado têm direito à pensão por morte. A lei anterior exigia que o pai fosse inválido (copiando o RGPS antes de 1991) e que a mãe fosse viúva. Não há mais essas qualificações, bastando a prova da dependência econômica e a inexistência de dependentes do primeiro grupo.

l) Ausência dos irmãos

Não há menção aos irmãos do segurado, nem mesmo aos inválidos. Eles não têm direito à pensão por morte do advogado.

m) Impossibilidade de designação

Seguindo o exemplo da Lei n. 9.528/97, não há previsão de designação de dependentes. Se o segurado falecer sem deixar os parentes indicados com direito, não haverá pensão por morte. Os valores acumulados jazerão no patrimônio da Carteira.

n) Dependência econômica

Os pais do segurado demonstrarão a dependência econômica com documentos, confrontando-se as suas rendas com as do advogado falecido. Não deverá ser exigido que eles provem que conviviam com o filho, mas sim que provem que dele dependiam.

Importa definir o que seja a dependência econômica. Para que seja definido esse cenário jurídico, relevará apurar-se por que o legislador estabeleceu tal condição técnica, financeira e previdenciária como necessária à fruição de certos direitos.

O fato prende-se à história da pensão por morte, quando foi concebida e qual era o ambiente social da época (1923). Sendo o segurado masculino o principal provedor da família, na sua falta era imprescindível conceber-se um meio de subsistência que pudesse cooperar com a manutenção dessa família (naquela ocasião, principalmente a viúva e os filhos). Por definição, como os dependentes dependiam do segurado enquanto trabalhador, eles deveriam demonstrar ao órgão gestor que antes isso sucedia e que, portanto, fazem jus à prestação. Mais tarde, consciente de que alguns segurados não deixavam vivo esse grupo mínimo da família (viúva e filhos), o legislador entendeu por estender a proteção a outros parentes (pais e irmãos). Deles, exigiu a demonstração de que dependiam do segurado.

A dependência econômica é caracterizada quando uma pessoa condiciona--se a outra para sua subsistência, vale dizer, *in casu,* viver às expensas do segurado. É bastante solar que até certa idade (seja ela de 21 anos ou não) os filhos menores dependam dos pais para crescer, se educar e, em suma, conviver.

Essa dependência pode ser econômica ou financeira, no sentido de que, às vezes, esses pais provedores entregam aos dependentes bens que rendem frutos, com os quais eles viverão, ou lhes fornecem dinheiro em espécie. Ou, ainda, é o mais comum, provêm os meios necessários. Não há indicação de quanto os pais gastam com os filhos nem que eles, de fato, estejam em melhores condições econômicas ou financeiras.

Curiosamente, a pensão alimentícia de filhos (a que foi condenado o marido ou a mulher separados) pode estar custeando as despesas da mãe e do pai, em razão da sua tenra idade. Juridicamente, entretanto, entender-se-á que essa se destina aos menores de idade.

A dependência idealizada pelo legislador é presumida ou não, ou seja, a ser demonstrada.

Em caso de presunção, optou-se pela absoluta, aquela que não comporta prova em contrário, e escolheu-se, como destinatários dessa admissão, *a priori, a jure et de jure,* os cônjuges e os companheiros entre si e certos filhos em relação aos pais. Assim, as pessoas elencadas no art. 16, I, do PBPS não têm de depender economicamente do *de cujus* nem de fazer prova disso.

Por outro lado, no caso da não presunção, as pessoas elencadas nos incisos II e III do mesmo art. 16 carecem demonstrar a dependência econômica ao INSS.

Nesses tempos atuais (2010), exceto na escala mais baixa da sociedade, é rara a dependência econômica familiar, mas presencia-se uma mútua dependência: os pais trabalham e obtêm renda e, consoante a idade, também os filhos cooperam com os genitores para a obtenção da renda familiar.

Com essa realidade não conta o legislador, e, por isso, ele ainda permite que numa família em que o homem entre com R$ 7.000,00 e a mulher com R$ 3.000,00, num total de R$ 10.000,00, falecendo um deles, o outro receberá algo em torno de R$ 10.000,00, que deverá mudar algum dia. Como mudou para o servidor.

A dependência é total quando apenas um dos dois membros da família (o segurado ou a segurada) é quem provê financeiramente essa família.

Um conceito mais difícil de ser apurado, na realidade por falta de norma, é aquele em que ambos os membros da família têm os seus próprios meios de subsistência, de tal sorte que a dependência é parcial, e não total.

Na figura da dependência coletiva, todos os membros da família contribuem com mais ou menos para a constituição da renda familiar, o que é bastante comum entre os trabalhadores de baixa renda.

Por convenção histórica e institucional, a dependência econômica de que se fala é aquela que precede o sinistro, o evento determinante do benefício, ou seja, a morte ou a prisão do segurado. Se depois dessa data-base a pessoa tem ou não dependência, não importará mais (o que é um anacronismo do Direito Previdenciário).

Não há tempo para ser feita a prova porque o direito aos benefícios é imprescritível. A qualquer momento ela pode ser produzida.

O dever de fazer a demonstração da dependência econômica é pessoal e só pode ser substituído por pessoas autorizadas pela lei (tutor, curador ou procurador).

Um convencimento da dependência econômica dos pais ou dos irmãos se faz mediante declarações, documentos e outros meios:

I) declaração de próprio punho do interessado;

II) holerite de empregado;

III) recibo de pagamento de autônomo;

IV) carnê de aposentado;

V) declaração do IR;

VI) recibos de aluguéis;

VII) declaração de pobreza firmada por autoridade.

o) Data da definição

De forma superior, em comparação com o PBPS, a norma estabelece que a decantação jurídica do dependente sobrevirá na Data do Óbito.

Logo, os pais podem ser independentes antes da DO e perderem essa condição posteriormente, sem fazer jus aos benefícios.

Os filhos inválidos terão de evidenciar a invalidez preteritamente a essa data; se forem acometidos após o falecimento do segurado, não farão jus à pensão por morte.

p) Exclusão do segundo grupo

Existindo esposo(a), companheiro(a), convivente ou filhos, os pais não têm direito ao benefício. Teoricamente, não há possibilidade de renúncia para favorecer quem não tem direito.

q) Concorrência

Não há norma sobre a concorrência do(a) companheiro(a) dentro do primeiro subgrupo. Assim, ainda presente a constância do casamento (ou de qualquer outra união), se uma pessoa comprovar a condição de companheiro (que não se confunde com a de amante), dividirá a pensão com a pessoa do primeiro subgrupo. A afirmação não é assente na doutrina e na jurisprudência.

Inexiste concorrência entre esse(a) companheiro(a) e os pais do segurado. Demonstrado o estado jurídico, ele arredará os ocupantes do segundo subgrupo, mas poderá dividir o benefício com os filhos do segurado.

r) Provas da união

O casamento é provado com certidão de casamento ou de óbito, certidão de documento emitido pelo Poder Judiciário, em que for declarada a ausência ou o desaparecimento, e até mesmo com as certidões de nascimento dos filhos.

Para a união estável, se nenhuma outra medida legal foi tomada (como registro anterior em Cartório), valem todos os documentos e depoimentos de testemunhas.

Os homossexuais terão mais dificuldades, pois a publicidade da união é bastante restringida pelo preconceito.

De modo geral, os principais meios de provas são:

I) sociedade civil — presença no contrato social como sócio-gerente ou sócio-cotista em sociedade limitada;

II) documento em cartório — declaração das partes de que vivem ou viverão juntos como se formassem uma família;

III) procuração — documento outorgado de um para outro membro da sociedade;

IV) doação testamentária — designação da pessoa como herdeira;

V) conta conjunta — conta-corrente conjunta em bancos;

VI) endereço comum — nome constante de contas de água, luz, telefone, etc.;

VII) crediário comercial — formulário preenchido pelo membro falecido;

VIII) avalista — garantia oferecida em documento;

IX) participação conjunta em clubes — ser sócio da mesma associação desportiva;

X) internação em hospitais — declaração do hospital de quem promoveu a internação;

XI) registro em empresa — registro como empresário, contribuinte individual, empregado ou temporário em empresa do falecido;

XII) declarações escritas do segurado — depoimento escrito do segurado;

XIII) correspondência — cartas de amor trocadas entre os membros;

XIV) dedicatória — menção à pessoa constante da dedicatória de livros;

XV) homenagem — registro escrito em homenagem;

XVI) depoimento de vizinhos — declarações firmadas por vizinhos, zeladores ou porteiros de prédios;

XVII) viagens — bilhetes de passagens adquiridas em comum;

XVIII) hotéis — ficha de registro em hotéis, *resorts*, colônias de férias, etc.;

XIX) filhos havidos em comum — filhos reconhecidos como do casal;

XX) testemunhas — depoimento testemunhal de quem conviveu com o casal;

XXI) fotografias — todo tipo de gravação e imagem em que apareçam juntos;

XXII) pensão alimentícia de fato — percepção de valor depositado em conta-corrente bancária;

XXIII) sentença condenatória para pagamento de pensão alimentícia;

XXIV) justificação judicial — sentença de ação judicial;

XXV) justificação administrativa — promovida junto do INSS.

s) Validade das uniões

Parte da doutrina e algumas decisões dos tribunais superiores têm-se oposto à configuração da união estável quando um dos companheiros (ou os dois) é casado. Afirma-se que não seria a união estável reconhecida pela Carta Magna ou pelo Código Civil.

Cuida-se na hipótese de uma dupla união, ou seja, por exemplo, de um homem casado convivendo com a esposa e, ao mesmo tempo, mantendo uma relação adúltera com outra mulher, com quem também convive habitualmente (e, em algum caso nas metrópoles, apresentando a característica exigida da publicidade).

Presentes e demonstrados todos os pressupostos das duas uniões, a desclassificação da segunda é anacronismo do pensamento (provavelmente decorrente da ideia de que um segundo casamento é sempre nulo). Para o Direito Previdenciário, diante da realidade social, é que esteja determinada a dependência econômica presumida ou provada. Sanções penais ficam por conta da moral social.

No tocante aos filhos dessa relação adúltera ou no caso de existência comprovada das duas uniões estáveis, o julgador talvez descubra que o escopo da previdência social, no que diz respeito à pensão por morte, é de proteger quem precisa de proteção.

t) Exercício do direito

O art. 10 da lei anterior não foi expressa nem implicitamente revogado, o que é surpreendente. Assim, os dependentes têm apenas 36 meses contados da DO para se habilitarem ao benefício, sabendo-se que as prestações previdenciárias são imprescritíveis (prescrevendo apenas certas mensalidades).

É possível que isso se deva ao fato de que o elaborador da norma deve ter colocado o texto anterior, de 1970, na tela do computador, alterando alguns dos preceitos e esquecendo-se de dispor sobre o assunto de forma hodierna.

Capítulo X CRITÉRIOS DE REAJUSTAMENTO

Em virtude de os antecedentes históricos do indexador adotado para atualização das mensalidades dos aposentados e pensionistas serem frequentemente apontados como uma das causas da insuficiência de recursos do plano de benefícios (ele responderia por uma diminuição de 8 bilhões de reais do déficit de 11 bilhões de reais), o art. 6º centrou-se em definir um critério distinto do anterior, suscitando vários questionamentos.

O *caput* descreve a regra permanente, com eficácia, a partir de 1º.1.2010. O § 1º define o critério dos reajustamentos das mensalidades dos benefícios concedidos até 31.12.09 (variação do INPC) e, por último, o § 2º condiciona o cumprimento do § 1º: a avaliação atuarial.

Logo, a partir de janeiro de 2010, o critério é unificado com base em um indexador que necessariamente não refletirá a perda do poder aquisitivo da moeda (provocando o exame doutrinário de sua constitucionalidade).

Com uma contribuição média de R$ 97,19 estima-se o déficit da Carteira em R$ 12.387.775.000,00. Desindexado do salário mínimo, ele cairia para R$ 3.425.463.000,00, ainda com uma contribuição média de R$ 97,19. Se a mensalidade média fosse de R$ 292,02, o plano de benefícios se reequilibraria.

a) Indexador vigente

Por força de uma decisão da Justiça Federal, os benefícios mantidos pela Carteira observavam o reajustamento do salário mínimo. Desde que o Governo Federal resolveu aplicar uma política de aumento real desse salário mínimo (2003), acima da inflação apurada pelo INPC, calcula-se que houve um acréscimo real por volta de 60%.

Destarte, por comparação, de fato os beneficiários da medida tiveram as suas mensalidades aumentadas e não simplesmente reajustadas, decisão tecnicamente sustentável caso o plano de benefícios propiciasse superávit superior ao da inflação ou das estimativas básicas do atuário assistente.

b) Escolha do indexador

Com a ausência dos recursos necessários, a par de outras severas providências, por recomendação do matemático consultado, optou-se por um indexador que não pusesse em risco o equilíbrio do plano de benefícios. Transitoriamente, o INPC (de 26.6.09 até 31.12.09); depois, uma regra permanente.

c) Indexador permanente

O indexador destinado ao futuro dependerá do estágio do equilíbrio do plano de benefícios; em outras palavras, do valor da rentabilidade do patrimônio da Carteira em certo momento.

Em linhas gerais, se for menor que o anterior, não haverá qualquer reajustamento, reduzindo-se os montantes vigentes.

Caso seja igual, não se alterará (a despeito da inflação). Quando ultrapassar o patamar pretérito, o reajustamento refletirá proporcionalmente tal crescimento.

d) Avaliação mensal

A avaliação do patrimônio será operada mensalmente, decisão que revela o *animus* dos dirigentes, mas com certeza implicará em despesas contábeis na apuração. Esse é um tema que precisa ser revisto na medida em que ele é exíguo.

e) Resultado positivo

Presente um resultado positivo — meramente comparativo, pois se trata de um plano com dificuldades financeiras fadado à extinção em algumas décadas —, as mensalidades serão majoradas na mesma proporção do crescimento do patrimônio financeiro. Tanto quanto a majoração das mensalidades ou a diminuição das contribuições disciplinadas nos arts. 20 e 21 da LBPC, qualquer acréscimo pode gerar déficits adiante, impondo-se nova revisão do plano de benefícios.

Boa parte dos resultados, além do sucesso das aplicações financeiras, dependerá do vulto dos resgates que sobrevierem até 16.11.09 e das celeumas que as Disposições Transitórias produzirão. Um pedido elevado de requerimentos pode inviabilizar o plano mais depressa do que o imaginado.

Nesse caso, talvez o liquidante devesse pensar apenas em reduzir a contribuição de 20%, que sempre é antipática, reajustando de fato o valor dos benefícios.

f) Resultado negativo

No caso de resultado negativo, além de não haver majoração dos valores, teoricamente ele se desdobraria em redução das mensalidades (pensando-se no equilíbrio do plano). Evidentemente também será uma solução que deflagrará incompreensões por parte dos beneficiários e lembrará a possibilidade de a variação do INPC (critério do RGPS) ficar abaixo de zero, como já sucedeu em relação ao RGPS.

Por força da decisão judicial, os beneficiários tiveram um ganho efetivo em relação aos níveis inflacionários. Assim, não será estranho haver a redução limitada até que possam ser compensados por esses ganhos reais.

O que não é viável é imaginar que o julgador de uma dessas ações entenderá a aplicação do resultado positivo e jamais a do negativo. A ideia não seria descartada, caso fosse praticada, porque a lei considera possível o reequilíbrio do plano mediante novas contribuições.

Agiu bem a lei ao reduzir os enfrentamentos administrativos e judiciais: combinando a divisão do novo encargo com diminuição parcial do benefício e da contribuição, tentando estabelecer uma relação previdenciária entre os ativos e os inativos.

Logo, aqui se propõe uma questão da Filosofia do Direito Previdenciário complementar. Diante de dois grupos (contribuintes ativos e inativos), qual deve ser a participação de cada um deles na composição de um déficit: 1) atribuir a responsabilidade dos advogados ativos, que estão trabalhando e podem se recuperar, sem nada exigir dos aposentados ou pensionistas, que já deram sua contribuição no passado; 2) apenas onerar o grupo dos assistidos sem dificultar a vida daqueles sem direito ao benefício; e 3) dividir o encargo geral do ônus apurado proporcionalmente a contribuição de cada um (principalmente depois de ouvida a clientela protegida).

Critério que também se adotaria na situação inversa, ou seja, no caso de *plus* patrimonial.

g) Universalidade dos indexadores

Quando a CF de 1988 estabeleceu o princípio da manutenção do poder aquisitivo da moeda como supedâneo para o reajustamento dos benefícios pensando no processo inflacionário, diante do princípio da universalidade da previdência social então consagrado, somente poderia imaginar sua aplicação em caráter igualmente universal.

Concepção que abriga possivelmente uma exceção em face do caráter institucional da convenção da previdência complementar (obviamente, questão ainda em aberto na doutrina). Quer dizer, relacionar o indexador ao resultado somente valeria para o sucesso do crescimento patrimonial das EFPC.

h) *Pro rata* até 31.12.09

Não é fácil alcançar o critério do § 1º, uma vez que se tem uma data-base para fechamento do plano, que é 30 dias depois da data da publicação da lei no DOE. Ou, caso se queira, quando entrou em vigor a norma de 2007, que proibiu novas inscrições.

A escolha do período de fevereiro a dezembro de 2009 se deveu a mudança do salário mínimo para R$ 465,00.

Não está muito claro a partir de quando tal indexador será aplicado, apenas sabe-se o fim de sua vigência. O liquidante não pode esquecer "o reajuste com base no salário mínimo, nos termos da Lei Estadual n. 10.394/70, enquanto estiver esta em vigência, assim como para CONDENAR o réu ao pagamento de todas as diferenças em atraso, desde março de 2008, relativas a eventuais valores pagos sem a incidência de tal índice" (sentença de 16.3.09, da Justiça Federal, com grifos originais).

Mas o certo é que foi adotado o mesmo parâmetro do RGPS (o que também será discutido), de sorte que se terá um *pro rata* em 31.12.09 e a partir daí somente o *caput* do dispositivo.

i) Condição para o *pro rata*

O § 2º condiciona a aplicação do *pro rata* ao equilíbrio do plano em data não configurada. O liquidante terá à sua disposição de 26.6.09 até 31.12.09.

j) Constitucionalidade do critério

Se não fosse um plano destinado à extinção, que pressupõe novos condicionadores atuariais e financeiros, esse critério seria inconstitucional quando desse menos que a inflação. Mas as medidas excepcionais, que têm aspectos de liquidação, autorizam a medida. Uma outra solução, já antecipada e que oporá os contribuintes ativos com os inativos, é o aumento de contribuição dos ativos.

k) Direito adquirido

Em termos de critério de reajustamento de benefícios, a questão mais tormentosa será a do direito adquirido ao critério legal que vinha sendo aplicado. Vale dizer, ao regime jurídico então consagrado. Não pairando dúvidas em relação a quem receber o benefício a partir de 1º.1.10, é preciso pensar naqueles que já eram assistidos.

Ainda uma vez, aparentemente, a melhor solução é ajuizar-se com a excepcional figura da extinção do plano e o enorme desequilíbrio que o ameaça. Ou seja, arredar-se o direito adquirido em função do interesse público, que é a preservação do direito de todos os participantes (na medida do possível). Quando um plano de benefícios se torna insustentável economicamente, o direito presta vassalagem a realidade e todos perdem.

l) Coisa julgada

Da mesma forma como a garantia do direito adquirido, outro dissídio fatalmente a ser instalado dirá respeito à coisa julgada, ou seja, validade da decisão da Justiça Federal a respeito do critério do salário mínimo. Sem embargo de o *decisium* ter fixado sua duração.

m) Efeitos da sentença

A sentença judicial exarada na Ação Coletiva n. 2008.61.00.018144-4, que tramitou na 4ª Vara Cível Federal de São Paulo (que, aliás, propunha também outra solução), mandando pagar os benefícios com base no salário mínimo, por ora abstraindo as consequências futuras da decisão, pôs em confronto a vedação do art. 7º, IV, da Carta Magna e a Súmula Vinculante STF n. 4/08.

Se o ato administrativo contestado não era posterior à referida súmula, os seus efeitos acabaram sendo e afetam o plano de benefícios até a revogação da lei que criara esse critério. Atacar-se a validade da súmula pelo fato de essa não resultar da iteratividade das decisões também não ilustra o fundamento apresentado, em face do claríssimo dispositivo constitucional.

Um mandamento constitucional embasado numa realidade matemático--financeira (aliás, quase sempre não compreendida pelo comum dos mortais), reflexo de uma realidade gritante.

Só por isso, pela natureza das coisas, deve ser respeitado. Se, *in casu* e *ad argumentandum,* não há desrespeito ao ordenamento jurídico (que não é a suprema norma), ofendeu-se a lógica do ordenamento financeiro, o que levaria, mais cedo ou mais tarde — além de desigualar os iguais —, ao desequilíbrio do plano de benefícios, um princípio jurídico, porém, mais do que isso, uma razão da inteligência de compreensão da ordem previdenciária.

n) Questionamentos judiciais

O imbróglio histórico nascido dessa instituição criada quando não havia obrigatoriedade de filiação dos advogados ao RGPS (1959), que apresentou algumas nuanças de previdência complementar em relação ao INSS em face da Lei n. 6.435/77 (mas como tal não foi tida) e o comprometimento do plano de benefícios em virtude da perda substancial de receita, além da grande decepção causada aos advogados paulistas, suscitará inúmeros questionamentos práticos, técnicos e jurídicos.

Se não for intentada uma ação coletiva unificada abordando os principais questionamentos, o Poder Judiciário vai ficar abarrotado com uma enxurrada de ações.

Segundo a jornalista Juliana Sofia, em 25.8.09, a *Folha de S. Paulo* noticiou que o Governo Federal pretendia vincular o reajustamento dos benefícios ao percentual de crescimento do PIB ("Aposentadoria pode ter aumento pelo PIB", p. B-1).

Capítulo XI   ACUMULAÇÃO DE BENEFÍCIOS

Ao admitir separadamente o direito à fruição simultânea de três tipos de aposentadorias (invalidez, idade e inscrição), o texto do disposto no art. 16 da lei revogada, se é que assim foi aplicado, era inadequado, equivocado e sem sentido: "Os benefícios decorrentes desta lei podem ser acumulados entre si e com quaisquer outros." Possivelmente ele nunca foi praticado nesses termos.

Com raríssimas exceções, como a dos ferroviários no RGPS, o Direito Previdenciário sempre recusou a adoção de mais de um benefício de mesma natureza no bojo de um único regime.

a) Normas de superdireito

Acumulação de benefícios é matéria árida na legislação por falta de regência de superdireito que envolva os diferentes regimes públicos e privados e os inerentes à previdência complementar aberta e fechada. Agiu corretamente a Assembleia Legislativa ao disciplinar essas regras válidas dentro do processo de extinção da Carteira dos Advogados, ao dispor no art. 7º: "Os benefícios de aposentadoria e pensão decorrentes desta lei podem ser acumulados. § 1º É vedada a concessão de duas aposentadorias ao mesmo segurado".

Ab initio cabe salientar que em se tratando de um regime com nuanças complementadoras do RGPS e dele independente, as suas disposições respeitam apenas ao seu plano de benefícios em extinção. As concessões anteriores que apresentam legitimidade, legalidade e regularidade têm de ser mantidas. Desde já, que fique claro que a concessão de duas aposentadorias em função de uma mesma inscrição e suas contribuições, se ocorreu, foi ilegítima. E não devem ser asseguradas pelo direito adquirido.

b) Benefícios distintos

De modo geral, esses comandos costumam referir-se aos benefícios dos segurados e dos dependentes; também da combinação desses dois grupos de pessoas. A regra de ouro é: para cada filiação, uma inscrição, as respectivas contribuições e um único benefício.

Destarte, subsistem disposições sobre a acumulação de aposentadoria, de pensão e da justaposição desses dois grupos de benefícios, envolvendo a condição de segurado e um dependente do titular.

Seguindo uma regra básica da legislação previdenciária geral, numa quase obviedade, a lei estadual rejeita a acumulação de duas aposentadorias, que seriam a aposentadoria por invalidez e a por tempo de inscrição.

c) Consequências do resgate

É preciso pensar que o resgate não é um benefício. Assim, se o segurado sacar o valor e tempos depois falecer, sua esposa ou companheira segurada não fará jus a uma pensão por morte.

O *caput* do art. 7º autoriza o segurado da Carteira a receber uma aposentadoria e, ao mesmo tempo, sendo dependente de outro segurado, uma pensão por morte. Com fontes de custeio próprias, são duas relações distintas; isso assegura legitimidade técnica à norma jurídica.

d) Casamento da pensionista

Da proibição expressa de não se poder receber conjuntamente duas aposentadorias e do silêncio normativo, quando o dependente preencher os requisitos legais próprios, auferirá duas pensões. Imagine-se o filho menor de 21 anos de dois advogados casados ou unidos que faleceram ao mesmo tempo ou não. Podendo dizer respeito a quatro pessoas: pai e mãe do homem e da mulher.

Adotando um pensamento anacrônico já superado, nos termos do art. 13, I, caso o pensionista se case ou se una, a pensão mantida será cancelada. Futuramente poderá receber a pensão do segurado com quem se casou ou se uniu.

Em todo caso, cancelada a pensão por morte em virtude de casamento do pensionista com pessoa não segurada, falecendo esta, caberia a restauração do primeiro benefício.

e) Regime diverso

A independência do regime previdenciário da Carteira indica que, embora a informação possa ser considerada como elemento influenciador da decisão, o fato de o INSS conceder um benefício do tipo aposentadoria por invalidez ou pensão, ou negá-lo, não interfere decisivamente na concessão dos mesmos benefícios pela Carteira.

f) Transformação de prestações

Entendendo-se a pensão por morte como uma nova prestação em relação à aposentadoria do titular, a lei não tem regras de transformação de benefícios. Obrigando a integração da lacuna para a solução da mudança de uma aposentadoria por invalidez em aposentadoria por tempo de inscrição, se o aposentado recuperou a higidez e preencheu os requisitos do segundo benefício. Assim, devem ser tratados como dois direitos distintos e inacumuláveis.

g) Desaposentação do titular

Como sucede com o RGPS, não há previsão legal da renúncia à aposentação para a obtenção de outro benefício em melhores condições ou simplesmente a raríssima disposição de não ser complementado (*Desaposentação*. 3. ed. São Paulo: LTr, 2010).

Capítulo XII   INADIMPLÊNCIA DOS CONTRIBUINTES

Sem embargo de, em várias oportunidades, referir-se a uma aposentadoria por tempo de inscrição na OAB ou na Carteira e que rigorosamente significa uma aposentadoria por tempo de contribuição, perfilhando a regra da LC n. 128/08, disciplinadora da concessão de benefícios para os contribuintes individuais do RGPS em atraso, o § 2º do art. 7º veda o deferimento de benefícios para o advogado inadimplente.

A clareza do art. 7º, § 2º, é solar: "Os benefícios previstos nesta lei não serão concedidos caso haja inadimplência de contribuições do segurado."

a) Conceito de benefício

Como não há previsão de resgate no art. 9º, ele não deve ser entendido como um benefício. Aliás, exceto como pecúlio, esse saque não tem natureza previdenciária. Assim, as prestações objeto da norma são: aposentadoria por inscrição, aposentadoria por invalidez e pensão por morte.

b) Inadimplência total

Está em inadimplência total quem nunca contribuiu, mas possivelmente a Carteira já o tenha enquadrado na cobrança do art. 22.

Mas se isso não sucedeu, a conclusão será a mesma: esse cenário não gera quaisquer direitos.

c) Inadimplência dos dependentes

Se o advogado faleceu em débito para com a Carteira, a dívida é transferida para os seus herdeiros ou dependentes, de sorte que a concessão da pensão por morte fica condicionada ao recolhimento das contribuições devidas.

d) Valores em cobrança

Quem está sendo cobrado é o devedor e, enquanto a situação não for regularizada, fica sem condições de auferir os benefícios.

e) Atraso hodierno

Pode acontecer de o segurado dever as últimas contribuições ou apenas alguns períodos intercalados. Bastará atualizar-se para poder fazer jus às prestações.

f) Parcelamento da dívida

Não há previsão de parcelamento do débito, máxime em se tratando de um plano de benefícios em busca do seu equilíbrio financeiro.

g) Descontos nas mensalidades

Procederá com habilidade o liquidante se permitir que o débito seja parceladamente descontado das mensalidades do benefício. Um advogado em débito revela situação particular difícil, especialmente se estiver requerendo um benefício por invalidez, ou os dependentes, a pensão por morte.

O critério deve levar em conta esses benefícios imprevisíveis mais do que a aposentadoria por inscrição, que é programada.

h) Débitos pendentes

Diante da iminência da concessão de um benefício, impõe-se a solução de pendências sobre débitos, até mesmo um acordo entre as partes.

i) Resgate do inadimplente

O cálculo da fração do patrimônio que determinar o valor individual do resgate é constituído de contribuições vertidas e não apenas das devidas, se não recolhidas. Quem está em débito poderá requerer o resgate, porém não poderá pensar nessas contribuições, mas apenas naquelas que efetivamente pagou.

j) Benefício proporcional

Esqueceu-se o legislador que está cuidando de um plano de benefícios em extinção, que é excepcional por si mesmo, e o art. 26 adota o regime financeiro de capitalização. Escolheu uma política correta diante da contributividade da previdência social (e da necessidade de caixa da Carteira).

Capítulo XIII   PERÍODOS DE CARÊNCIA

Está pacificado na doutrina e na legislação previdenciária que a carência é o número mínimo de cotizações indispensável conforme cada tipo de benefício. Às vezes dispensada, como aconteceu com a pensão por morte e o auxílio-reclusão do RGPS em 24.7.91.

Basicamente, é uma técnica de natureza financeira e atuarial que salvaguarda o equilíbrio do plano de benefícios. Se a capacidade contributiva dos nossos trabalhadores fosse maior e se mantivesse estável por décadas em um sistema sem déficits ou superávits, ela não seria exigida para as prestações não programadas.

a) Lei revogada

A Lei n. 10.394/70 previa um período de carência de 12 meses para a aposentadoria por invalidez e de 36 meses para a aposentadoria por inscrição e pensão por morte (art. 18). Um mecanismo inadequado na medida em que não equiparava o falecimento à invalidez como eventos determinantes de benefícios imprevisíveis. Que atuarialmente exige maior proteção social, logo, menor carência.

Não distinguia os tipos de doenças incapacitantes (PBPS, art. 151) nem se referia aos acidentes do trabalho, possivelmente sabendo que a clientela protegida era e é constituída principalmente de contribuintes individuais (autônomos), mas que admite a figura do empregado. Trabalhadores intelectuais, embora raramente expostos à insalubridade, exceto no que diz respeito à Lesão por Esforço Repetitivo, às depressões e ao estresse.

Apresentava um esclarecimento importante: afirmava que de nada serviria haver o adiantamento de pagamentos mensais para supri-la (art. 19), configurando, destarte, a ideia de seguro social.

Dispunha que, no caso de uma reinscrição, os aportes anteriores não teriam efeito para definir o período de carência (art. 18), sem estabelecer um prazo de manutenção da qualidade (PBPS, art. 15). Ou seja, quem perdesse a qualidade de inscrito na Carteira teria de reiniciar esse período de carência.

Reinscrição: um retorno do segurado com interrupção de contribuição que não se confunde com os períodos de débitos.

b) Períodos vigentes

O art. 8º da lei vigente estabelece quatro períodos mínimos de aportes mensais. Todos eles severos em termos de proteção social, provavelmente impostos pelo matemático assistente avaliador das insuficiências das reservas técnicas (art. 8º da Lei n. 13.549/09).

A carência deve ser medida em cotizações mensais e não em número de meses. Os períodos reclamados são os seguintes:

I) 60 meses — aposentadoria por invalidez e pensão por morte;

II) 72 meses — aposentadoria por invalidez e pensão por morte de advogado proveniente de outras OABs;

III) 240 meses — aposentadoria por inscrição;

IV) 268 meses — aposentadoria por inscrição de advogado proveniente de outras OABs.

c) Advogados coestaduanos

A norma referente aos advogados coestaduanos (alguns, possivelmente paulistas) é juridicamente discutível, na medida em que a exigência dos 20% ofende a igualdade das pessoas e a universalidade da previdência social. Uma xenofobia provincial desnecessária em face do cálculo atuarial.

d) Severidade da carência

Os períodos de carência exigidos pela Lei n. 13.549/09 são atuarialmente drásticos, possivelmente por conta do cenário de extinção da Carteira e por imposição do atuário assistente que visa ao reequilíbrio do plano de benefícios.

No pertinente à aposentadoria por invalidez, vale considerar que não se distinguiu se é acidentária ou comum; apenas reclama o mesmo tempo mínimo de aportes, o que não é insitamente protetivo.

A concepção inspiradora da previdência parece ter sido a de reter capitais, uma vez que, diante dos tipos de mensalidade, é perceptível que essa têm muito a ver com o capital acumulado.

e) Qualidade de segurado

Em virtude desse número mínimo elevado de contribuições, imagina-se que não haja idealização da manutenção da qualidade de segurado e reinício de novo período de carência, como o da lei revogada.

Destarte, as 60 ou 240 contribuições não terão de ser sucessivamente continuadas (sem nenhuma falha), admitindo-se interregnos contributivos, claro, se forem posteriores a 27.6.09.

Logo, não há que se falar em consecutividade para essa finalidade.

f) Incentivo ao resgate

Uma carência de 240 meses para a aposentadoria por inscrição estimulará o exercício do resgate (art. 1º, III, das DT).

Imagine-se um advogado com 60 anos de idade e 35 anos de contribuição, mas que praticou uma reinscrição anterior a 27.6.09. Ele preferirá levantar os 80% do resgate em vez de complementar novamente a carência.

g) Regime financeiro

Dada a natureza do regime financeiro de capitalização adotado, são contribuições vertidas, pois essas, acumuladas, constituem as reservas necessárias para as prestações.

h) Contribuições devidas

Embora também não esteja claro na legislação, as mensalidades referidas serão as pagas; as devidas, mas não recolhidas, ficam à espera de serem realizadas, para que se complete o período de carência.

i) Prova das contribuições

Se houver dúvidas materiais quanto ao cumprimento das obrigações, o advogado é onerado com o dever de demonstrá-las.

j) Regras de transição

Diante da formidável mudança de 36 para 240 contribuições e das 12 para as 60 contribuições, como fez o art. 142 do PBPS, o legislador estadual não previu regras de transição. Quem possuía mais de 36 meses, mas não detinha a idade mínima, ficou obrigado a atingir os 20 anos para fazer jus à aposentadoria por inscrição.

k) Interpretação da matéria

Embora a carência seja matéria de benefício, é como se fosse de custeio, e não comporta interpretação extensiva, somente a restritiva. *In dubio pro* Carteira.

Capítulo XIV   APOSENTADORIA POR INSCRIÇÃO

O art. 9º disciplina uma aposentadoria por tempo de inscrição, exigindo simultaneamente contribuição e idade mínima, que variará de 2009 a 2019. O segurado fará jus ao benefício quando integralizar conjuntamente esses dois eventos determinantes.

Os 35 anos que faziam parte da lei anterior (art. 21, I e II) somados aos 65 anos da lei revogadora refletem um benefício bastante equilibrado em face da tábua de mortalidade dos advogados. E mais rigoroso do que a Fórmula 95, pois 65 + 35 = 100 anos.

Retrata a enorme dificuldade dos matemáticos de manter o que dizia o art. 21 da lei revogada, que admitia separadamente os dois benefícios, por tempo de inscrição e aposentadoria por idade.

Atualmente, supõe-se que aqueles que se inscreveram na OAB e na Carteira dos Advogados com 22 anos de idade, ao completar 65 anos de idade, antes da vigência da nova lei, farão jus ao benefício e então terão contribuído por 43 anos (*sic*). Em 2019, por 48 anos!

Os requisitos básicos são três: 1) período de carência; 2) idade mínima; e 3) tempo de inscrição.

a) Período de carência

Os períodos de carência, definidos como sendo o número mínimo de contribuições, são dois: 1) para os inscritos na OAB/SP e 2) para os inscritos em outras unidades da OAB do Brasil que se transferiram para São Paulo.

Os primeiros têm de acumular 240 mensalidades, e os segundos, um total de 268 meses. Essas não têm de ser sucessivas, admitindo períodos não contributivos. Claro, desconsiderados os períodos de afastamento da Carteira.

b) Idade mínima

Implantada gradualmente, a idade mínima será um dia de 70 anos, e não haverá distinção quanto ao sexo.

A regra de transição observará:

65 anos a partir de	2009
66 anos a partir de	2011
67 anos a partir de	2013
68 anos a partir de	2015
69 anos a partir de	2017
70 anos desde	2019

c) Tempo de inscrição

O tempo de contribuição é de 35 anos de inscrição ininterruptos na OAB (art. 9º, II).

Somente o tempo de inscrição definitiva é considerado, de sorte que o tempo de solicitador ou estagiário não é computado.

Caso o advogado tenha a inscrição cancelada depois de 35 anos de inscrição, ele fará jus ao benefício. Continua em vigor a lei anterior, que fixava prazo de carência para o exercício do direito, com perda de mensalidades.

d) Aposentadoria por idade

A partir de 27.6.09 desapareceu a aposentadoria por idade. Aliás, ela não tinha assento na versão original da Lei n. 5.174/59.

Observado o período de carência exigido pela lei anterior, de 36 meses, quem completou a idade mínima fará jus ao benefício *ex vi* do direito adquirido. Como a lei entrou em vigor em 27.5.09, mas adquiriu eficácia em 27.6.09, a nova carência se impôs apenas após essa data.

Quem já tinha mais de 36 meses de contribuição e menos de 240 mensalidades sem a idade mínima quedou-se na expectativa de direito e não terá a aposentadoria por idade. Poderá questionar a falta de regra de transição, uma pretensão meramente política.

e) Constitucionalidade dos limites

Tendo em vista o limite universal de 65 anos para a aposentadoria do servidor (CF, art. 40) e do trabalhador, se poderá arguir a inconstitucionalidade do limite gradativo. Possivelmente será considerado por não se tratar de previdência social básica.

f) Questionamentos institucionais

As inovações introduzidas pela Lei n. 13.549/09, inspiradas no esforço de manter o equilíbrio do plano, com o fim da aposentadoria apenas por idade e um novo limite de idade para aposentadoria por tempo de inscrição, suscitará discussão sobre o direito de mudanças.

Acrescida de relevante particularidade: a de que o pressuposto de toda reforma é a existência de causa necessária (o déficit de 12 bilhões de reais).

Tem-se de respeitar o ato jurídico perfeito, a coisa julgada (daí o direito de manter os reajustamentos pelo salário mínimo enquanto ele prevaleceu) e o direito adquirido, bem fundado em razões estruturais que a recomendem, são permitidas alterações no que fora instituído. Até porque recomendado pelo superior interesse público.

g) Solicitador e estagiário

Diz o art. 9º, § 1º, que não se conta o tempo de solicitador ou estagiário. O art. 4º da lei anterior não foi revogado. Crê-se que se as mensalidades foram recolhidas a seu tempo, elas devem ser consideradas pelo liquidante.

Capítulo XV   DIREITO ADQUIRIDO

A mudança das regras estabelecidas na Lei n. 10.394/70 e a sua substituição pelas determinações da Lei n. 13.549/09, quando elas diminuem as pretensões dos segurados, suscitam o instituto técnico do direito adquirido.

Com efeito, exemplificativamente, o período de carência era de 36 meses (art. 18, II), a idade mínima única, de 65 anos (art. 21, I). Quem consumou esses requisitos antes da eficácia da Lei n. 13.549/09, ainda que não tenha requerido o benefício da aposentadoria, poderá fazê-lo com base na lei revogada (Súmula STF n. 359).

Ainda de forma singela, se um advogado completou a carência de 36 meses, mas não integralizou a idade mínima de 65 anos, quedou-se na expectativa de direito. Caso tenha atingido esses 65 anos sem estar inscrito há 36 meses também ficará sem poder exercer o direito e sujeito às novas imposições. *In casu*, precisará atender os 240 meses do novo período de carência.

Aquele que completou ininterruptamente os 35 anos com certeza também completou a carência, bastando a idade mínima para fazer jus à aposentadoria por tempo de inscrição. A norma legal não tem regra de transição.

Respeitado o direito adquirido (uma riquíssima tradição do Direito Previdenciário brasileiro), o cálculo do benefício será o da Lei n. 10.394/70, atualizados os valores até a DER, que determinará a DIB, com base na regra de reajustamento do salário mínimo até o momento em que essa disposição perdeu eficácia.

Por se tratar de uma lei geral, como eram as Leis ns. 5.174/59 e 10.394/70, e definir um regime de previdência social, é estranho que não tenha disposto sobre vários institutos do Direito Previdenciário. Portanto, durante esses quase 50 anos de existência, a Procuradoria do IPESP, impedida de invocar o RPPS do servidor estadual paulista, deve ter se valido dos institutos técnicos do RGPS.

Igual se passará na análise dos problemas que se apresentarem agora com o fechamento do plano de benefícios. A Carta Magna, a LICC, o Código Civil, o PBPS e outras fontes formais devem ser consultadas. Fora do comum dos casos, a única regra nova que pesará no convencimento do magistrado é a de ser um plano em extinção.

O exame do direito adquirido em concretude pressupõe a perquirição da dinâmica do elo jurídico estabelecido entre a Carteira e os beneficiários, desde o surgimento da relação até a sua extinção. Com vistas à faculdade propriamente dita — o elo fundamental entre a pessoa e o benefício (ele consubstancia a razão de ser da previdência social) —, o liame evolui por diferentes patamares, consolidando-se um estágio inicial (inexistência de qualquer domínio) até o final (perecimento total), consoante as várias etapas seguintes: pretensão, expectativa, direito e direito adquirido. E nos extremos dessa linha: a inexistência e a extinção.

Nunca se esquecendo o intérprete de que são prestações sucessivas no tempo e que obriga a ter seu próprio juízo do que seja integração no patrimônio.

a) Conceito básico

No âmbito da área social das prestações securitárias, em suma, respeitada a determinação expressa da norma pública, relevado o superior interesse da coletividade e a capacidade de execução do processo de extinção, direito adquirido é a possibilidade de o segurado gozar de um bem legalmente considerado, ou fração dele, cogitando-se de valor real, constituído regular, legal e legitimamente mediante o cumprimento dos pressupostos normativos que lhe assegurem a posse jurídica ou a detenção material, isso é, fruindo ou não — poder se utilizar da faculdade de exercitá-la quando lhe convier ou diante de norma posterior que imponha restrições inovadoras à fruição da mesma (*Direito adquirido na previdência social*. 2. ed. São Paulo: LTr, 2003. p. 55).

Se até 26.6.09 o advogado não preencheu todos os requisitos legais, ele terá de cumprir as regras da nova lei.

b) Pretensão jurídica

Aquele que se inscreveu na Carteira sem estar incapaz para o trabalho ou sem cumprir o período de carência não tem expectativa de direito, mas mera pretensão jurídica.

c) Expectativa de direito

Quem não preenche os requisitos legais não tem direito nem direito adquirido (se a norma não determinar a presença de qualquer regra de transição ou concessão de benefício menor). A Lei n. 13.549/09, diante das circunstâncias, mudou bruscamente as regras e não estabeleceu qualquer compensação, mesmo para quem estava a um *quid* da obtenção do direito.

d) Direito simples

É denominado direito o poder de fruir certo bem. A condição para tanto depende do cumprimento de determinadas condições previamente estabelecidas pela norma. Todos aqueles que logo depois de atendidos os requisitos legais requereram as prestações utilizaram-se do direito aos benefícios.

e) Direito adquirido

Para a LICC: "Consideram-se adquiridos assim os direitos que o seu titular, ou alguém por ele, possa exercer, como aqueles cujo começo do exercício tenha termo pré-fixo, ou condição preestabelecida inalterável, a arbítrio de outrem."

São, destarte, aqueles que se incorporam aos patrimônios jurídico e material dos advogados, isto é, os que estão à sua disposição e que se caracterizam pela reunião integral e simultânea de todos os requisitos convencionados.

Quando do atendimento dos requisitos, a incorporação aconteceu; não é necessária a concessão do benefício.

Aquele que deixou passar o tempo previsto pelo legislador e resolveu exercitar posteriormente o seu direito está sob a proteção do direito adquirido. Fazendo-o depois das mudanças, também tem a mesma cobertura legal e constitucional.

f) Perecimento do direito

Em seu art. 20, a lei revogada previa a decadência do direito aos benefícios, confrontando-se todas as normas do Direito Previdenciário. A lei revogadora emudeceu a respeito e manteve aquele entendimento, o que certamente produzirá dissídios.

Capítulo XVI   CONCEITO DE INVALIDEZ

Tentando resolver um seriíssimo problema de previdência social, o art. 10 conceitua a invalidez para os fins da aposentadoria correspondente à pensão por morte. A descrição é aproveitada para definir a incapacidade do filho maior de 21 anos.

A invalidez, além de ser um infortúnio humano, é uma ocorrência que abala a saúde do trabalhador e o impede de exercer as suas atividades. Por isso tem muito interesse na previdência social, não só no RGPS e na SPPREV, como no RPPS e na previdência complementar.

Tecnicamente, o instituto é complexo e o conceito é de difícil assimilação. Sua importância é relevante no Direito Previdenciário e sua decantação vem sendo buscada há bastante tempo.

O Regulamento Básico da OABPrev renunciou a ideia de descrevê-la, preferindo delegar a responsabilidade à perícia médica indicada pela diretoria ou seguradora.

Ela é considerada contingência protegida para o segurado e para os seus dependentes. Determina a concessão de benefício para os advogados e da pensão por morte para os dependentes.

A invalidez é o pressuposto da aposentadoria por invalidez, de tal sorte que sem o exame médico inexiste o direito ao benefício.

Corajosamente, o art. 10 a descreve como sendo "qualquer lesão de órgão ou perturbação de função que reduza em mais de 2/3 (dois terços), por prazo superior a 4 (quatro) anos, a capacidade do segurado para o exercício de suas atribuições, comprovada em laudo médico elaborado por 3 (três) médicos designados pelo liquidante".

a) Questões vernaculares

O elaborador da norma não foi feliz ao se utilizar da expressão "qualquer", que, a exemplo de "nenhum", "especial", "todo", por sua generalidade, não é recomendada em norma dispositiva. No caso, afirma uma multiplicidade de tipos de lesões, não arredando qualquer uma delas.

Portanto, as lesões próprias das especialidades médicas respeitantes a saúde do advogado se referem mais do que propriamente a sua integridade física, ou seja, lesões corporais traumáticas ou fisiológicas causadas por diferentes agravos ao organismo humano.

Se houver uma lesão, não importará qual seja, desde que atenda aos demais requisitos do conceito.

b) Particularidade do direito

A avaliação da capacidade laboral do segurado levará em conta a especificidade da atividade profissional: se o advogado é militante no fórum, consultor jurídico, professor de Direito, parecerista, escritor, líder sindical, empregado, contribuinte individual (autônomo ou empresário), etc.

c) Natureza da invalidez

A incapacidade para o trabalho de que cuida o benefício é a que obsta o "exercício da profissão" (art. 9º, III) e não outra qualquer.

Logo, um impedimento *coeundi* ou *generandi* não garante o benefício.

d) Órgão afetado

Considera-se órgão uma parte do corpo humano que uma vez afetado erode a higidez pessoal.

A perda de toda a capacidade visual cria enormes embaraços para o exercício da advocacia. Não podendo falar, um penalista enfrentará ônus enormes num tribunal do júri; acometido por Distúrbio Osteomuscular Relacionado ao Trabalho, será oneroso digitar no computador, embora possa transferir essa atribuição para terceiros.

e) Função exercida

Considera-se função a possibilidade de o titular poder exercitar uma atividade laboral. Os portadores de deficiência locomotora não têm como exercer a função motriz. Mas podem realizar inúmeras atividades.

f) Lesão física

Lesão é um conceito amplo na medicina, cujo resultado pode ser crônico, isto é, perpetuar-se no tempo, ou agudo, de duração determinada, mas de alta intensidade.

g) Perturbação mental

Grosso modo, a perturbação é uma alteração da ordem do organismo, do bom funcionamento de um órgão, geralmente de ordem psicológica.

h) Nível da incapacidade

A lesão ou a perturbação terá de experimentar alguma intensidade a ser mensurada pelos médicos examinadores do segurado. Os 2/3 ou 66% são índices respeitáveis, indicando que uma dessas duas agressões à saúde ou à integridade física tem de ser significativa. Cifrados os critérios à impossibilidade de execução das tarefas habituais do advogado.

A perda da visão obsta o exercício profissional, mas uma disacusia neurossensorial bilateral dificulta sem impedir o trabalho. À evidência, tal mensuração reclama relevante objetividade do exame médico.

i) Prazo de verificação

O prazo de quatro anos é de avaliação, ou seja, a perícia médica tem de estimar quanto tempo perdurará a incapacidade. Se existisse auxílio-doença no plano de benefícios, sua duração por 48 meses poderia ser a indicação da aposentadoria por invalidez, mas como aquele não existe, é preciso avaliar por quanto tempo essa perdurará.

Entendido que será menor do que os quatro anos, não haverá direito ao benefício. Todavia, a existência de exames bianuais revela que a norma tem consciência de que a previsão de alguma invalidez pode não ultrapassar os 48 meses, pois exige exames médicos periódicos.

Nessas condições, não seria ilegal em alguns casos raciocinar-se como se tratasse de um auxílio-doença de fato.

É desnecessário que por ocasião do exame pericial o advogado esteja incapaz há quatro anos, mas que, na opinião do perito, ele vai ficar mais de quatro anos sem aptidão para o labor profissional. Constatando aspectos ergométricos, fisiológicos ou psicológicos do paciente examinado conclua que ele não possa praticar o seu ofício.

j) Capacidade para o trabalho

Todo o texto legal é previdenciário. Vale dizer, tem relação direta com aptidão para o trabalho do advogado. A par da invalidez propriamente dita, com quem não se confunde, este é outro conceito complexo e de onerosa determinação médica, máxime em termos de moléstias mentais, psicológicas e psiquiátricas.

A incapacidade pode ser parcial e permanente, mas também será total e permanente. Incapacidade total e permanente é aquela que não admite recuperação da higidez, na forma de tratamento ou de reabilitação.

k) Noção de depressão

Em face das tensões de que é vítima o ser humano, uma das moléstias que frequentemente acomete o advogado é a depressão. Esse parece ser o mal do século. Para *Maíra A. Buchwit Pontes*, a "depressão é uma doença que afeta o humor das pessoas, o comportamento, o aspecto físico e os pensamentos. A causa da depressão pode estar associada a uma combinação de fatores genéticos, psicológica e ambiental. Habitualmente, ela se diferencia na gravidade (leve, moderada e grave) e na forma de apresentação de seus sintomas" (O que é a depressão? In: *Jornal de Vinhedo*, 15.8.09. p. B-3).

l) Junta médica

O exame pericial será efetuado por uma junta médica. Quer dizer, os três profissionais examinarão o advogado e, ao final, concluirão pela presença ou ausência de aptidão. Havendo empate científico, por serem três, um deles desempatará a conclusão. O *caput* do art. 10 pressupõe as dificuldades aqui aludidas. Adequadamente optou por uma junta médica constituída de três profissionais (preferivelmente especialistas no CID alegado pelo requerente).

m) Deferimento do benefício

A aposentadoria por invalidez é deflagrada por requerimento do autor, alguém de sua família e até mesmo *ex officio*.

n) Exame médico

Insistindo em falar em aposentado por invalidez em vez de percipiente de aposentadoria, fica claro que o titular do benefício se submeterá a exames médicos periódicos, realizados a cada dois anos. Antes desse tempo, se assim convir à entidade.

Entende-se que, se o prazo for ultrapassado, mas a perícia concluir que a invalidez permaneceu, agirá bem o liquidante mantendo o benefício. Essa conclusão decorre do § 3º, quando se fala em suspensão das mensalidades (que não é cancelamento).

o) Suspensão das mensalidades

O titular terá as mensalidades suspensas, mas não cessado o benefício, caso se recuse sem justo motivo a se submeter aos exames médicos periódicos.

p) Eleição do liquidante

Quem escolhe a junta médica é o liquidante, recomendando-se que opte por três profissionais especializados na arte médica da redução de capacidade alegada pelo titular, que conheçam LER/DORT, estresse, depressão, etc., as principais doenças ocupacionais dos advogados. O pressuposto dessa recomendação é a idoneidade profissional dos peritos, sua experiência e reputação. O ideal é que consulte antes uma clínica especializada em Medicina do Trabalho voltada para os aspectos da atuação jurídica.

q) Filhos do segurado

O exame a que se submeterá o filho maior inválido diferirá do anterior na medida em que necessariamente não diz respeito a um advogado.

Capítulo XVII   DEFINIÇÃO DAS MENSALIDADES

Um dos mais importantes comandos da lei refere-se ao valor das mensalidades da aposentadoria por tempo de inscrição. Diante do regime de capitalização adotado (art. 26), a partir de certa data-base, cada segurado terá uma conta individual com natureza de caderneta de poupança, com a incumbência de fomentar o pagamento das mensalidades sucessivas.

Esse capital acumulado pessoal, sem as vantagens previdenciárias do regime de repartição simples, responderá pela manutenção do benefício, que cessará um dia, especialmente se o segurado ultrapassar a expectativa de vida; ele corre o risco, conforme as opções consideradas abaixo, de ficar sem qualquer sustentação financeira.

No art. 11, a lei define o montante da renda mensal, e no art. 13, como será feito o pagamento mensal na prática.

a) Benefícios abrangidos

O *caput* do art. 11 reporta-se à aposentadoria por tempo de inscrição.

Por qualquer motivo, a invalidez e a pensão por morte foram incluídas no § 2º. É evidente a impropriedade do abandono do regime mutualista em relação a esses dois benefícios imprevisíveis. Tal solução contraria a filosofia do Direito Previdenciário e vai de encontro à solidariedade social. A solução matematicamente possível adotada mantém equilibradas as contas, mas não protege tão adequadamente o indivíduo. O correto é a criação de uma contribuição especial dos ativos para a manutenção do benefício daqueles aposentados por invalidez ou pensionistas que ultrapassarem a expectativa de vida.

b) Saldo da conta

Na data-base, não muito clara na legislação e que aparentemente é 1º.1.10, será promovido um balanço patrimonial da Carteira e serão segregados dois patrimônios: dos contribuintes ativos (1) e dos inativos e pensionistas (2). Esses dois últimos beneficiários, incorporados numa conta coletiva.

Apurado o primeiro montante, assustadoramente diz a lei "se houver", o numerário líquido será rateado entre os contribuintes ativos e na proporção das suas contribuições. Devido ao silêncio da lei, aí incluídos os participantes em risco iminente.

c) Período das contribuições

Quando define quais contribuições se prestarão para decantar o *quantum* individual, o § 4º do art. 33 diz que será da "data da respectiva inscrição", o que é facilmente determinável e, então, não claramente, "até o limite de suas reservas matemáticas atuarialmente calculadas" (que não é tempo, mas valor). Devendo--se entender nesse final que serão os valores amealhados e que constituam o capital acumulado de cada segurado.

d) Consecutividade dos meses

Perfilhando tradição do Direito Previdenciário e afirmando uma obviedade — melhor que esteja presente do que ausente —, diz que as mensalidades serão consecutivas, não admitindo interrupções; exceto a da cessação.

e) Ininterruptividade do pagamento

Salvo se um *bis in idem*, já que no comum dos casos, a consecutividade implica ininterruptividade, o legislador quer dizer que as mensalidades são subsequentes e que não podem ser interrompidas (exceto, também, quando de causas que determinem sua suspensão).

f) Volição do segurado

Quem escolhe a opção desejada é o segurado; no caso da pensão por morte, os dependentes, futuros pensionistas.

Podendo dar-se, no caso da divisão de pensão por morte, de haver duas escolhas distintas: a da viúva e a da companheira. Que destinarão sua parte conforme sua vontade.

g) Renda programada

Com base no capital acumulado, o segurado poderá optar por uma renda programada correspondente a certo número de quotas constante ou decrescente que vigerá por certo tempo. Os limites mínimos e máximos serão fixados pelo Conselho Administrativo.

h) Renda vitalícia

Renda vitalícia aferida em função da expectativa de vida a partir de tábua de mortalidade adotada pela Carteira, com número constante ou decrescente de quotas.

i) Número de quotas

Um de três percentuais do total das cotas acumuladas, variando entre 1%, 2% e 3%.

j) Valor constante

Um pagamento mensal correspondente a certo número de quotas, apurado atuarial e anualmente, com bases no saldo de quotas existente no último dia do ano anterior e com base na tábua de mortalidade adotada.

Capítulo XVIII INÍCIO DAS PRESTAÇÕES

Todos os benefícios da previdência social têm início e cessam um dia, devido a causas naturais ou regulamentares. O art. 12 regrou algumas das hipóteses possíveis em relação as duas aposentadorias. De certa forma, ainda que canhestra, também disciplinou o seu início. O art. 13 cuidou da cessação da pensão por morte.

a) Aposentadoria por inscrição

O início da aposentadoria (que deveria ser na DER) se dá por ocasião da comunicação da concessão do benefício. Não está claro se é a data constante do documento ou aquela em que o segurado dele toma conhecimento.

A Data de Concessão de Benefício não se confunde com data da comunicação do deferimento. Logo, somente pode ser a data dessa notícia.

Note-se que sendo questionado o indeferimento, a comunicação do atendimento da pretensão ocorrerá bem depois do requerimento, causando prejuízos ao interessado. Uma decisão posterior é meramente declaratória; a constituição do direito seguramente deu-se antes.

b) Aposentadoria por invalidez

A aposentadoria por invalidez não começa quando é requerida, mas a partir da data do laudo técnico que a autoriza, e não da comunicação do fato (*sic*).

Contestado o indeferimento, se mais tarde o segurado vir reconhecido o direito ao benefício, ele deve ter início na data do primeiro laudo médico emitido, aquele que fundara a negativa.

Não há por que fixar-se (como, às vezes, faz a Justiça Federal) na data da perícia judicial. Se o segurado estava incapaz quando requereu o benefício, aí deve ter início.

c) Cessação dos benefícios

A redação do *caput* dá a entender que o preceito cuida do encerramento do benefício, ficando claro que a aposentadoria por inscrição será mantida até a véspera da DO. Pressupondo-se que a pensão por morte comece nesse dia.

A cessação da aposentadoria por invalidez sobrevém na data do laudo médico que admitiu a recuperação da higidez e até a véspera da DO.

d) Início do resgate

Por não se tratar de benefício de pagamento continuado, não há de se falar em data do início do resgate. Ele é uma prestação de pagamento único, como os pecúlios do RGPS.

Capítulo XIX CESSAÇÃO DOS PAGAMENTOS

O art.13 configura cinco hipóteses em que termina o pagamento das mensalidades da pensão por morte. A norma legal menciona "o" pensionista e não "a" pensionista, valendo para os dois sexos. Entre as cláusulas da extinção, diferentemente do PBPS, não há referência à maioridade por emancipação. A Lei n. 10.394/70 também silenciava a respeito.

O legislador se confunde um pouco, ora falando em cessação do benefício (que pressupõe o fim da última quota), ora falando em cessação da quota.

Nesse art.12 ele cuida do término natural do benefício e não de outra modalidade de extinção, como é o caso da anulação da inscrição do advogado, de erro na concessão, inadimplência do segurado ou falta de carência e até mesmo de uma impugnação (art. 16).

a) Morte do pensionista

Mors omnia solvit. Com o falecimento do pensionista, homem ou mulher, extinguem-se as mensalidades do benefício a partir da DO. Existindo outro dependente com direito, os pagamentos se mantêm em relação a esse pensionista. Quando falecer o último deles, a prestação é encerrada.

Caso não tenha sido recebida uma fração do último mês ou de meses inteiros, os herdeiros remanescentes habilitados farão jus a esses pagamentos. Normalmente será um dependente ou também um herdeiro; entretanto, esse valor faz parte do direito de todos os herdeiros e não é exclusivo de um dependente.

O legislador se esqueceu da ausência e do desaparecimento. A lacuna será integrada adotando-se as regras do PBPS. Quem definirá a DO será o Poder Judiciário.

O pensionista que se casar não mais receberá sua quota a partir da data da cerimônia. O legislador não distingue entre homem e mulher. Seu raciocínio é de que, se ele se casou, adquiriu maioridade previdenciária e tem como manter a subsistência.

Igual raciocínio vale para a união estável; a pensão também acabará. O conceito de união estável pode ser colhido no art. 16, § 6º, do RPS, e a ser declarado presente pelo liquidante (IPESP).

As dificuldades de prova por parte do gestor da liquidação extrajudicial da Carteira são as mesmas dos unidos para fazerem jus à pensão por morte (lembrando-se que os fatos comprobatórios, de regra, estão nas mãos dos unidos).

União estável heterossexual e homossexual, já que o art. 5º, I, c, reconheceu a homoafetividade (*A união homoafetiva no direito previdenciário*. São Paulo: LTr, 2009).

b) Maioridade dos filhos

Quando os filhos dos segurados completarem 21 anos de idade, as suas quotas não mais serão pagas.

A hipótese dos 25 anos de quem está cursando nível superior do art. 9º, I, da Lei n. 10.394/70 não compareceu nesta lei. Se o óbito do segurado ocorreu após 26.5.09, não há direito adquirido à inscrição do que estava com mais de 21 anos.

O reconhecimento da paternidade ocorrida após o fim do benefício não é "fato posterior à data da cessação" da pensão. A concepção de regra sucedeu enquanto o segurado estava vivo. Se o filho concebido antes da DO nasceu depois do óbito, ele fará parte do rol dos dependentes.

c) Renúncia ao benefício

Avançando significativamente em relação à legislação do RGPS, o art. 13 fala na renúncia a qualquer tempo. Destarte, o pensionista pode abdicar das mensalidades que vinha recebendo, possivelmente pensando o legislador na circunstância de pretender se casar ou se unir maritalmente. Mas a ideia é de que o faça até mesmo por outros motivos.

A cessação da quota ou do benefício se dará a partir da DER, da renúncia.

d) Cessação da invalidez

Cessando a invalidez do filho maior de 21 anos, acaba a pensão por morte. O fato de esse filho trabalhar não significa que recuperou a higidez, o liquidante assume o ônus de provar o contrário, autorizando a convocar o interessado para exame pericial. Nessa matéria não há presunção que favoreça o administrador.

e) Descumprimento de obrigação

Envolvendo a área do Direito Previdenciário Procedimental e possivelmente exagerando na dose, a última circunstância legal é que a quota ou a pensão cessará por descumprimento de exigência formal.

A Lei n. 13.549/09 manteve por inteiro a redação do art. 39, *caput* e parágrafo único da lei anterior (e melhor seria se tivesse repetido o texto mantido).

Esse art. 39 configura duas hipóteses que têm de ser elucidadas claramente. Suspensão de benefício não é extinção da prestação; uma vez atendida a exigência, as mensalidades são restabelecidas. A cessação põe fim ao benefício que não pode ser recuperado.

De acordo com a lei, passados seis meses, se antes não forem tomadas as providências reclamadas, a pensão deixará de ser paga. Diante de um prazo tão curto, possivelmente o Poder Judiciário não acolherá essa drástica medida, ainda que se considere que a quota seja transferida para os outros pensionistas. Não tem sentido cancelar-se o benefício em se tratando de uma única pensionista. No máximo para que seja atendido o resultado desejado que decaia o direito às mensalidades anteriores à providência saneadora das formalidades exigidas.

Tais exigências são:

1) Pagamento a representante

Se o aposentado não tem condições físicas ou psíquicas de receber pessoalmente o benefício, ele será representado.

2) Limitações às procurações

O art. 38, § 1º, limita bastante a utilização de procuração, autorizando-a somente nos casos de incapacidade, ausência, portador de moléstia contagiosa ou impossibilidade de se locomover. A lista dos motivos que justifica a outorga do mandado assinala que a idade avançada também a autoriza.

3) Atestado de vida

Quem não receber pessoalmente o benefício anualmente deverá apresentar atestado de vida, mediante declaração firmada por autoridade policial ou escrivão do registro civil.

Agirá bem o liquidante se aceitar a presença ao vivo do interessado como prova de sua existência.

4) Estado civil

Os filhos solteiros precisam provar uma vez por ano que não se casaram. A norma não falava nem fala na demonstração da inexistência de união estável, mesmo sabendo-se que a vida marital era causa determinante da pensão por morte.

5) Perícia médica

O filho inválido é obrigado a comprovar a cada dois anos o seu estado de invalidez.

Por último, diz o parágrafo único do art. 13: "O direito ao recebimento da pensão não poderá ser restabelecido por fato posterior à data da cessação".

Em razão de sua complexidade, esse dispositivo obriga a distinção entre dois grupos de fatos: a) os que dizem respeito a anterior manutenção do benefício e b) os fatos que sucederam após a DO.

Os do primeiro grupo são aqueles que dizem respeito ao cumprimento das obrigações antes examinadas. Como já asseverado, foi muito rigoroso o legislador de 1970. Bastaria não pagar as mensalidades relativas ao período anterior ao cumprimento da providência.

Já os do segundo grupo geram relevantes divergências doutrinárias. Fica claro que se um filho maior de 21 anos não inválido, portanto não considerado dependente, vir a se tornar inválido após a cessação da sua quota da pensão não será reincluído no rol dos pensionistas. Trata-se de uma convenção institucional histórica do Direito Previdenciário, e igual se passa no RGPS e na maioria dos RPPS. Temporalmente, a DO é a linha de corte que separa as contingências protegidas.

Diferentemente desse cenário, apresenta-se o do pensionista que perdeu a pensão por morte em virtude de novo casamento (ou nova união estável) e que faleça esse cônjuge ou companheiro provedor da família sem outorgar pensão por morte.

Procederá de acordo com o espírito da lei previdenciária o liquidante que restabelecer a antiga pensão que havia sido extinta. Nenhum postulado atuarial foi ofendido, e se ele não tivesse se casado ou se unido, o plano de benefícios precisaria ter reservas técnicas para suportar os custos da manutenção.

Capítulo XX — RENDA INICIAL

Um elemento importante numa prestação previdenciária de pagamento continuado, como é o caso das aposentadorias, é o montante da renda mensal inicial.

Esse *quantum* tem sido objeto de muitíssimas indagações em todos os regimes de previdência social. Principalmente porque repercutirá por toda a vida do jubilado.

Ele atende ao principal escopo da técnica protetiva (substituição da renda laboral) e será o meio de subsistência da pessoa dali para a frente. Além de ser uma base de cálculo de futuros reajustamentos, em face da perda de poder aquisitivo da moeda. Disso deflui a relevância da definição do total inicial mensal das duas aposentadorias e da pensão por morte.

Importa saber que os futuros segurados deterão uma conta individual, cifrada em certo número de quotas, avaliadas mensalmente, e que do capital acumulado dessa conta, por conseguinte também mensalmente atualizado, todos os meses subtrair-se-á o necessário até que se esgote essa reserva financeira (ou poupança pessoal).

a) Pagamento em dinheiro

O pagamento se fará em dinheiro, pecúnia em espécie depositada na conta corrente do beneficiário (segurado ou dependente).

b) Data do pagamento

A quitação se fará até o último dia do mês subsequente ao mês de competência. Mês de competência é aquele que se considera; portanto, se um benefício teve a DIB em 1º.1.10, janeiro será o mês de competência considerado, a ser pago no mês de fevereiro. Se o segurado faleceu em 31.03.10, março será o último mês de competência do benefício.

c) Cálculo do valor

A importância inicial do benefício será definida a partir da quantidade de quotas a que faz jus o segurado, multiplicada pela expressão pecuniária da renda dessa, quando da concessão.

O ativo patrimonial será distribuído proporcionalmente às contribuições individuais vertidas pelos participantes. Um conceito não muito claro na lei.

d) Consecutividade mensal

São 12 valores consecutivos por ano, sem direito ao abono anual.

e) Ininterruptividade da quitação

Não ocorrerá qualquer interrupção nos pagamentos, exceto na figura da suspensão (art. 10, § 3º).

f) Duração da manutenção

Consoante uma das quatro opções do art. 11, os pagamentos perdurarão até que se esgote a soma das quotas dos participantes.

g) Opções do segurado

O segurado optará por uma das quatro soluções indicadas no art. 11, § 1º, ns. 1 a 4.

h) Atualização monetária

Os valores mensais serão atualizados mensalmente.

i) Revisão de cálculo

Não adotando o exemplo do art. 103 do PBPS, a norma não prevê prazo para solicitação de revisão de cálculo da renda inicial. Diante da decadência do direito, admitida doutrinariamente como sendo de cinco anos, o prazo acabará sendo de 60 meses, não se esquecendo do vigente art. 20 da lei anterior.

Capítulo XXI   PEDIDO DE PENSÃO

Os dependentes do segurado definidos no art. 5º, I e II, possivelmente por intermédio de formulário padronizado anteriormente adotado pelo IPESP, solicitarão a pensão por morte ao liquidante.

No caso de duas ou mais pessoas ou famílias com direito, cada uma delas protocolará o seu requerimento.

Os documentos estão estampados nos incisos I a IV do art. 15.

a) Certidão de óbito

Certidão de óbito recentemente emitida para serem informados os possíveis dependentes ou herdeiros para os diferentes fins. Preferivelmente com o estado civil do segurado.

b) Ausência ou desaparecimento

Declaração obtida junto do Poder Judiciário de que o segurado desapareceu, bastando notícia escrita quando se tratar de fato público e notório, mas formalizada se houver a ausência. Obrigando os dependentes a comunicarem o reaparecimento do ausente.

c) Certidão de casamento

Certidão de casamento recentemente emitida, em que constem eventuais averbações sobre separação ou divórcio.

d) Pensão alimentícia

No caso do dependente separado, cópia da sentença judicial em que contemplada a pensão alimentícia. Conforme o caso, a prova da percepção desse valor mensal.

e) Certidão de nascimento

Prova da existência dos filhos com certidão de nascimento.

Na hipótese de os dependentes se reduzirem apenas aos pais do segurado, além dos documentos de identidade, esses deverão apresentar a certidão de nascimento do filho segurado para comprovar a paternidade.

f) Adoção ou guarda

Documentação oficial relativa ao filho adotado ou sob guarda.

g) União heterossexual

Documentos que comprovem a união estável prevista no art. 226, § 3º, da Carta Magna, para os heterossexuais.

h) União homossexual

Comprovação da união homoafetiva (*A união homoafetiva no direito previdenciário*. São Paulo: LTr, 2009).

i) Incapacidade laboral

Laudo técnico emitido pela autoridade indicada pelo liquidante comprovando a invalidez do filho maior de 21 anos.

j) Dependência econômica

Os pais do segurado deverão comprovar a dependência econômica em relação ao *de cujus*. Os principais meios são: declaração de autoridade, imposto de renda dos pais e do filho falecido e valor da aposentadoria.

k) Domicílio do titular

Declaração do titular informando em que agência bancária deseja que sejam efetuados os depósitos mensais da pensão por morte (parágrafo único do art. 15).

l) União estável

A união estável é provada com documentos e depoimentos. Administrativa ou judicialmente.

I) sociedade civil — presença no contrato social como sócio-gerente ou sócio-cotista em sociedade limitada;

II) documento em cartório — declaração das partes de que vivem ou viverão juntos como se uma família fosse;

III) procuração — documento outorgado de um para outro membro da sociedade;

IV) doação testamentária — designação da pessoa como herdeira;

V) conta conjunta — conta-corrente conjunta em bancos;

VI) endereço comum — nome constante de contas de água, luz, telefone, etc.;

VII) crediário comercial — formulário preenchido pelo membro falecido;

VIII) avalista — garantia oferecida em documento;

IX) participação conjunta em clubes — ser sócio da mesma associação desportiva;

X) internação em hospitais — declaração do hospital de quem promoveu a internação;

XI) registro em empresa — registro como empresário, contribuinte individual, empregado em empresa do falecido;

XII) declarações do segurado — depoimento escrito do segurado;

XIII) correspondência — cartas de amor trocadas entre os membros;

XIV) dedicatória — alusão à pessoa constante da dedicatória de livros;

XV) homenagem — menção escrita em homenagem;

XVI) depoimento de vizinhos — declarações firmadas por vizinhos, zeladores ou porteiros de prédios;

XVII) viagens — bilhetes de passagens adquiridas em comum;

XVIII) hotéis — ficha de registro de hotéis, *resorts*, colônia de férias, etc.;

XIX) filhos havidos em comum — filhos reconhecidos como do casal;

XX) testemunhas — depoimento testemunhal de quem conviveu com o casal;

XXI) fotografias — todo tipo de gravação e imagem em que apareçam juntos;

XXII) pensão alimentícia de fato — percepção de valor depositado em conta-corrente bancária;

XXIII) sentença condenatória para pagamento de pensão alimentícia;

XXIV) justificação judicial — sentença de ação judicial;

XXV) justificação administrativa — promovida junto do INSS.

Capítulo XXII   INCLUSÃO E EXCLUSÃO

Diz o art. 17 que, uma vez concedida a pensão por morte, qualquer pretensão de pessoa desejando participar do rol dos dependentes por inscrição, inclusão ou exclusão, tal medida produzirá efeitos a partir do deferimento da pretensão.

Rigorosamente não tem de ser dessa data, mas da DER, pois a decisão do liquidante não constitui o direito. Apenas o declara; *ipso facto* retroagirá ao momento da demonstração da pretensão.

Devem ser pagos os atrasados com atualização monetária, se a decisão ultrapassar o mês da solicitação.

a) Data da ocorrência

Não ficou claro se é o fato ou a providência que sobrevém após a DO. Caso o pensionista demonstre que não incluiu um dependente menor de 21 anos na ocasião do requerimento ou um protegido pela representação obrigatória, ele fará parte da lista dos pensionistas na data do óbito do segurado.

b) Inscrição de filhos

Se nascer um filho do segurado depois da morte do advogado, ele será integrado desde o seu nascimento.

Caso se torne inválido depois de completar 21 anos, não fará jus à inclusão.

c) Inclusão de dependentes

Após o falecimento do titular da inscrição, quando alguém fizer a prova de ter mantido uma união estável sem a presença de outros dependentes, a DIB da pensão por morte coincidirá com a DER.

d) Exclusão dos casados

O pensionista que se casar perderá a condição de dependente na data do casamento.

e) Presença de representados

Se houver um menor de idade, ausente ou incapaz, que não se habilitou à pensão por morte, ele fará parte do conjunto dos pensionistas a partir da prova do fato, pagando-se os atrasados.

f) Inconformidade do titular

Ausente concordância com a decisão do liquidante de inscrever, incluir ou excluir algum dependente, nos termos do art. 5º, LIV, da Carta Magna, caberá recurso no prazo de 15 dias da ciência da informação, sem efeito suspensivo, para o Conselho Administrativo. Da decisão dessa última instância administrativa caberá ação ao Poder Judiciário para ver reconhecido o conteúdo do direito.

Capítulo XXIII IMPUGNAÇÃO DOS PENSIONISTAS

Nos arts. 16 e 17, a lei refere-se literalmente à impugnação da pensão por morte por parte de terceiros. Nesse dispositivo ela efetivamente cuida do valor do benefício caso não haja qualquer contestação. No segundo deles, além disso, regulamenta a data do início da inscrição ou de habilitação havida posteriormente ao óbito.

Possivelmente porque essa figura não é tão comum, nos dois preceitos a impugnação propriamente dita comparece *en passant*.

Considera-se, pois, mais particularmente o art. 17, que admite a referida posição. Aliás, sem prejuízo de disciplinar a impugnação, ele poderia ter aludido à concorrência extemporânea, que é o que mais poderá suceder.

Essa interferência de interessados costuma ocorrer por variados motivos, deflagrada por diferentes pessoas, entretanto, mencionando a concorrência de alguém com quem o segurado manteve uma união estável ou até mesmo de um casamento em relação ao unido que já requereu o benefício.

O comando trata de uma inscrição tardia (que pressupõe a inscrição anterior e certa inércia do requerente, ou seja, uma nova inscrição).

A exclusão somente ocorrerá se alguém demonstrar que o dependente percipiente do benefício não é legalmente um pensionista, podendo variar os argumentos materiais para isso.

Por outro lado, a inclusão diz respeito a alguém (companheiro ou filho do segurado) que se apresenta como concorrente ou pessoa com direito exclusivo.

Equivoca-se a norma quando afirma que a DIB dos pagamentos é da data do reconhecimento dessa exclusão ou inclusão, que não se dará por ocasião da revisão do liquidante e muito menos por ocasião do trânsito em julgado. Quem redigiu esse texto estava preocupado com a reserva técnica; a natureza alimentar da prestação e, quiçá, em poder recuperar o que pagou aos primeiros pensionistas habilitados.

A data do início deve ser na DER, pagando-se o atrasado a fundo perdido sem implicar em diminuição pretérita do valor dos pensionistas antes habilitados. Tendo em vista a redação *in fine,* os interessados, quando buscarem o Poder Judiciário, devem pedir também que o magistrado defina a DIB da quota. E, à evidência, não se aplica o *dormientibus nun sucurrit jus* para os menores, os ausentes e os incapazes.

Evidentemente, da decisão do liquidante cabe recurso administrativo no prazo de 15 dias da data da ciência de sua decisão, dirigido ao Conselho Administrativo (art. 25).

A concorrência de companheiros ou filhos (e até mesmo a solicitação dos pais, se ausentes outros dependentes com direito), à luz do art. 5º, justifica considerações adicionais, principalmente as que dizem respeito à presença da companheira e da esposa. Partiremos do segurado em relação à mulher, por serem mais comuns as situações vivenciadas, mas valendo as conclusões para a hipótese inversa.

a) Casado com companheira

Sem embargo do que vêm entendendo os tribunais superiores da Justiça Federal, se um homem casado convive com a esposa e, ao mesmo tempo, mantém uma união estável, assumindo a condição de casado e de companheiro, ambas as mulheres farão jus à pensão por morte em igualdade de condições.

A esse respeito o Direito Previdenciário é amoral. O determinante do direito ao benefício é a presumida mútua dependência econômica dos casais.

Raciocínio que não ignora as dificuldades da prova da segunda união em face das características da publicidade.

b) Separado de fato

Um marido separado faticamente que não paga pensão alimentícia de fato para a esposa e convive com uma companheira outorga o benefício para essa última mulher.

A inexistência dos alimentos do divórcio é ignorada em face da separação fática do casal. Uma solicitação *a posteriori* ao óbito com efeito retroativo terá de ser considerada como asseguradora do direito da esposa de concorrer com a companheira.

c) Alimentos e companheira

O pagamento da pensão alimentícia por parte do divorciado de fato ou direito reaproxima previdenciariamente a primeira mulher ao marido. Nessas condições, ambas dividirão a pensão por morte.

Uma companheira separada de fato do companheiro, que dele receba pensão alimentícia, equivale à esposa separada do marido percipiente da mesma pensão alimentícia.

d) Homem com duas esposas

Se um homem contraiu matrimônio com duas mulheres, o segundo casamento é nulo, e essa última relação jurídica equivale a uma união estável. Em cada caso será preciso examinar se houve convivência com a primeira mulher. Vale dizer, se é ou não concomitante com a segunda união. Ele pode estar separado materialmente da primeira mulher e pagar-lhe ou não uma pensão alimentícia de fato.

e) Duas uniões

Um homem que mantenha simultaneamente duas uniões estáveis (a lei civil não manda anular a primeira delas, como o faz em relação ao casamento) deixará uma pensão por morte a ser dividida entre as duas mulheres.

Se as uniões não são simultâneas, será preciso sopesar há quanto tempo cessou a primeira relação. Nenhuma lei define esse cenário e somente o bom senso poderá resolvê-lo, especialmente ajuizando-se com a situação anterior.

f) Direito dos filhos

A regra-matriz é que os filhos sempre têm direito; logo, os filhos adulterinos sempre fazem jus ao benefício.

g) Concorrência com os filhos

Filhos menores de 21 anos havidos num casamento anterior ou atual concorrem com a companheira e com os filhos com ela havidos.

h) Direitos da amante

Não se entenda neste capítulo presente a figura da amante; se ela não provar a condição de companheira, ficará sem fazer jus a qualquer benefício do segurado falecido.

O conceito é ainda nebuloso, e frequentemente essas mulheres são juridicamente confundidas com as companheiras. Um relacionamento fortuito não costuma produzir relação jurídica previdenciária, embora possa gerar outros efeitos jurídicos. Relacionamentos duradouros afastam a figura da amante e aproximam-se da companheira. Diante do silêncio da norma jurídica, não há termo distinto; o que convence a decisão é a intenção das partes.

Sem razão o STJ quando decidiu que o homem casado não pode manter união estável concomitantemente com outra mulher (Recurso Especial n. 1.104.316/RS no Proc. n. 2008.0238547-7, relatado pela ministra Maria Thereza de Assis Moura, em 28.4.09, in: *Rep. de Jurisprudência IOB,* 2ª quinzena de julho de 2009, n. 14, p. 486/490).

Capítulo XXIV COTIZAÇÕES OBRIGATÓRIAS

A partir da nova lei, os recursos financeiros da Carteira dos Advogados constituir-se-ão de quatro fontes principais (art. 18, I e IV). Atendendo aos termos da Lei n. 11.608/03, desapareceu o valor de repasse de percentual das custas processuais (criado pelo Decreto-Lei n. 203/70).

a) Aportes previdenciários

Serão as contribuições mensais dos segurados, participantes ativos, aposentados e dos pensionistas. A diferença pecuniária entre a expressão original do montante e o resultado encontrado após sua atualização monetária faz parte da contribuição para todos os fins das contas individuais.

Essa norma se refere à cotização do participante ativo, porque os que forem assistidos depois de 1º.1.10, será de 5% (art. 19, § 5º); e de 20% para quem estava aposentado antes.

Adotando-se regra universal da legislação previdenciária, as contribuições devidas não são restituídas. O resgate das DT não se confunde com a devolução de valores indevidamente recolhidos a maior.

Uma disposição extremada diz respeito ao dobrista, uma espécie de facultativo. Com efeito, o art. 6º admitia essa condição especial e exigia o dobro da contribuição dos colegas (art. 41, § 3º), vedando-lhe a reinscrição.

O art. 46 da lei anterior deixa claro quando cessavam as contribuições do inscrito. Eram cinco hipóteses: 1) morte do segurado; 2) cancelamento da inscrição na OAB; 3) transferência do advogado do Estado de São Paulo, presumida a filiação a outra OAB; 4) solicitação de desligamento; e 5) quem deixasse de contribuir por seis meses (art. 7º).

Os atuais aposentados arcarão com 20% da nova lei (*sic*). Esses 20% quase confiscatórios justificam-se pela excepcionalidade do déficit e são atribuídos aos inativos possivelmente porque teriam tido algum ganho real acima da inflação e as vantagens do sistema anterior (repasse de custas).

b) Mandato judicial

A pessoa que outorga procuração judicial na Justiça Estadual de São Paulo recolhe um valor à Carteira, de sorte que, sem embargo de ser possivelmente inadequada, continua existindo uma fonte de custeio não proveniente diretamente dos participantes. O art. 48 da lei anterior falava em 2% do salário mínimo.

Além de suscitar dúvidas quanto à validade jurídica da receita decorrente das juntadas de procurações, sem embargo de provir dos próprios advogados, recolhida ou não diretamente à Carteira, tem-se que todos os 250 mil advogados paulistas contribuirão em favor dos 35 mil inscritos que fazem parte do plano de benefícios. Um significativo exemplo de solidariedade profissional.

c) Doações e legados

Embora a figura jurídica seja remota e sua presença inicial se deva à Lei Eloy Marcondes de Miranda Chaves (Decreto Legislativo n. 4.682, de 1923), o primeiro comando brasileiro a prever esse tipo de receita, o liquidante está autorizado a auferir a receita de doações e legados.

d) Rendimentos patrimoniais

Existindo bens imóveis cedidos a terceiros, os aluguéis resultantes dessa locação fazem parte da receita.

e) Aplicações financeiras

Descontada a taxa de administração, os frutos das aplicações financeiras são fontes substanciais da Carteira. No eventual caso de ter havido empréstimos imobiliários, os juros avençados.

A Carteira ser administrada pelo IPESP, a isentando de tributação sobre os recursos do Plano de Benefícios, é fato a ser considerado.

f) Contribuições especiais

O art. 28 prevê um aumento das contribuições "sempre que, em decorrência de estudos atuariais, ficar demonstrada a necessidade de reajuste das fontes de receita da Carteira".

g) Juros moratórios

O art. 21 prevê o pagamento de juros moratórios de 1% ao mês em relação às contribuições pagas com atraso.

h) Multa automática

Na mesma circunstância, a multa é de 10% do montante atualizado.

i) Ações judiciais

Se a cobrança da dívida foi judicial, essa multa automática ascenderá a 20%.

j) Créditos esporádicos

A norma silencia sobre eventuais rendas ou ingressos defluentes de créditos em andamento, mas, à evidência, esses também constituem renda da Carteira. Entre esses, valores de benefícios pagos indevidamente a maior.

Capítulo XXV — UNIDADE MONETÁRIA

O art. 19 define a Unidade Monetária da Carteira dos Advogados (UMCA). Em vários momentos essa unidade será referida para a definição do valor das quotas individuais dos segurados. Os montantes dos benefícios serão aferidos conforme essas quotas forem acumuladas pelo contribuinte (art. 14).

a) Valor mensal

Em 26.5.09 ela correspondia a R$ 465,00 (salário mínimo federal). Ou seja, era igual a um salário mínimo; mais tarde, com as atualizações de valor, se despegará desse salário mínimo.

b) Reajustamento anual

A UMCA será reajustada anualmente pela variação do INPC, apurado a partir de 1º de fevereiro de 2009, que foi a data de reajustamento do salário mínimo. Que não será o mesmo critério de atualização do valor dos benefícios.

c) Base de cálculo

Ela se presta como salário de contribuição do segurado. Assim, na definição da contribuição mínima se terá 8% dessa unidade.

d) Contribuição do segurado

O advogado verterá um percentual, por ele escolhido, da base de cálculo. Percentual que poderá ser alterado a cada 12 contribuições.

e) Percentual mínimo

O percentual mínimo é de 8% de R$ 510,00, que resulta em R$ 40,80, arredondado para R$ 40,00, *ex vi* do art. 29.

f) Limite máximo

Não foi estabelecido percentual máximo. Tratando-se de um regime financeiro de contribuição, ficará definido a critério do advogado quanto vai ser investido na Carteira.

g) Mudança da contribuição

A cada 12 meses o segurado poderá alterar o seu percentual. Diante do silêncio da lei ele poderá ser menor ou maior que o anterior. Nesse caso, a data do início da nova alíquota é o mês seguinte ao do requerimento da mudança (art. 20).

h) Ex-aposentado por invalidez

Cessada a aposentadoria por invalidez, no mês seguinte ao da apuração da recuperação da higidez, ausente manifestação do titular do benefício cessado, sua contribuição será a mínima (art. 23).

i) Aposentados e pensionistas

A partir de 1º.1.10, quem obteve aposentadoria antes da data-base recolherá 20% do valor do benefício.

j) Aportes especiais

Depois de ouvido o Conselho Administrativo da entidade (art. 28) e justificado na Nota Técnica da avaliação atuarial, o liquidante poderá estabelecer contribuição adicional. Não há impedimento legal para os advogados fazerem aportes extraordinários, recomendando-se ao liquidante que discipline a matéria.

k) Arredondamento da moeda

Nos termos do art. 29, toda vez que o cálculo indicar uma fração igual ou superior a R$ 0,50 ela será arredondada para cima, resultando em R$ 1,00, e desprezada, se inferior aos mesmos R$ 0,50.

Assim: R$ 7.336,50 serão R$ 7.337,00 e R$ 2.406,10 diminuirão para R$ 2.406,00.

Capítulo XXVI   CONTRIBUIÇÃO ESPECIAL

Em seu art. 19, a Lei n. 13.549/09 define a contribuição obrigatória dos participantes. No art. 28, trata de novo aporte compulsório, e no art. 19, § 6º, cuida de contribuições especiais.

Em norma de grande relevância para toda a direção da Carteira e para os interessados, especialmente aposentados e pensionistas, diz o art. 28 da Lei n. 13.549/09: "Ouvido o Conselho, poderão ser majoradas as contribuições estabelecidas por esta lei, sempre que, em decorrência de estudos atuariais, ficar demonstrada a necessidade de reajuste das fontes de receita da Carteira."

Para isso, desde já importa dividir em dois grupos os segurados envolvidos: a) os atuais contribuintes, que observam um regime financeiro de capitalização e um plano de contribuição definida (verdadeira caderneta de poupança); e b) os participantes assistidos até 26.6.09 (se essa for adotada como data-base).

a) Faculdade dos gestores

Embora mencione uma faculdade, tomando conhecimento do pressuposto atuarial e financeiro da modificação, o liquidante e o Conselho Administrativo ficam vinculados a essa solução, sem qualquer alternativa ao seu dispor.

Uma decisão de modificar as contribuições vertidas por todos os advogados inscritos é muito importante. Partindo da mensuração periódica quando o liquidante chegar à conclusão da imperiosidade de revisão do Plano de Custeio, ele solicitará uma avaliação específica ao matemático assistente com vistas ao equilíbrio das contas referentes aos assistidos. No ensejo, pedirá informações sobre as quais deverão ser as novas contribuições.

Além da oitiva do matemático, uma providência dessa natureza carece ser discutida com os cinco representantes dos segurados. O início da oração deixa claro que a decisão do liquidante requererá a aprovação prévia desse órgão colegiado, que, se não aprovar, assumirá a responsabilidade pela decisão. Obviamente, implicando um ato administrativo oficial formal (sujeito à contestações).

Essa relação jurídica de previdência social é institucional, mas, com tantas nuanças do contrato de adesão, importa a anuência dos interesses. O princípio constitucional de transparência obriga o administrador a justificar a solução adotada com a divulgação, ainda que na internet, da avaliação atuarial relativa à massa dos protegidos.

b) Contribuição normal

O legislador está falando das contribuições normais e não das especiais dessa lei e as da Lei n. 10.394/70.

Concebidas no art. 18, I, as contribuições usuais dos segurados estão estabelecidas nos cinco primeiros parágrafos do art. 19. Elas têm natureza de cotizações normais. Previstas na lei, não carecem de determinação ulterior da Carteira, são simplesmente exigíveis e cobradas pelo liquidante, se não cumprida a lei (arts. 21 e 22).

c) Contribuição especial

Excepcionando as contribuições normais, é concebida contribuição especial (ou extraordinária, como fala o art. 17 da LBPC). Nessa condição de extraordinárias, podem ser reavaliadas posteriormente, se os seus pressupostos desapareceram.

d) Clientela da norma

O legislador não especificou quem assumirá a obrigação dessas novas contribuições. Pelo espírito da lei, entende-se que sejam os participantes ativos, assistidos e pensionistas. Ainda que os aposentados já sofram o pesado ônus dos 20% do art. 33.

Como todos os sujeitos da relação jurídica são contribuintes, a majoração dos aportes alcançará os participantes inativos e pensionistas. Caso se entenda que os 20% cobrados dos aposentados representam o descumprimento do princípio da igualdade dos iguais, haverá a oportunidade de alguma correção.

e) Destino da contribuição

O Projeto de Lei deixava claro haver uma contribuição para cobrir as despesas administrativas. Agora, delega essa atribuição à direção da Carteira.

Agirá bem o Conselho Administrativo e o liquidante se divulgarem um balanço do custo operacional da Carteira, para que todos tomem conhecimento da imprescindibilidade da majoração. E que as despesas usuais sejam fiscalizadas, uma vez que não há previsão de auditoria (exceto a do Tribunal de Contas do Estado — TCE —, já que o gestor é uma autarquia estadual).

f) Pressuposto da modificação

No dizer da lei, o pressuposto da alteração do custeio é uma avaliação atuarial, porém, em se tratando de valores destinados à administração, isso pouco tem a ver com a atuária, mas, sim, com a contabilidade.

A decisão dos dirigentes da Carteira é técnica e não se submete a quaisquer outros critérios. *Ipso facto*, depende da auditoria de terceiros, e o processo decisivo deve pautar-se da Nota Técnica do matemático. Por mais que se tenham notícias da inviabilidade da manutenção das contribuições vigentes, o pressuposto lógico, material e jurídico é essa avaliação atuarial.

Tendo em vista as contas individuais vigentes a partir de 1º.1.10 (que não seriam beneficiadas pela medida), a majoração das contribuições está relacionada ao compromisso assumido com os assistidos até a data-base.

g) Ente autorizador

Quando a norma rege o aumento das contribuições normais, reclama a oitiva do Conselho Administrativo (art. 28), mas aqui silencia sobre essa providência. A responsabilidade, entretanto, deve ser dividida, e o tema, debatido no seio do órgão diretivo colegiado.

h) Majoração dos valores

O elaborador da norma prevê aumento das contribuições, dando a entender que durante algum tempo o plano de benefício permanecerá em desequilíbrio. Ideia que influencia a interpretação cabível da matéria. É possível que o fim da mutualidade do plano separará os advogados em ativos e inativos, representando, de fato, dois planos, que podem ser impugnados pelos atuais assistidos que serão atingidos. Mas eles devem se recordar de que os seus benefícios serão mantidos até o óbito (enquanto que os dos atuais ativos apenas enquanto a reserva técnica de cada um permitir).

i) Diminuição dos aportes

Não há previsão de redução das mensalidades, mas ela não é descartada. Ocorrendo a remota hipótese de algum superávit, os administradores pensarão numa redução das contribuições vigentes.

j) Data do início

No art. 19, o legislador autoriza a mudança do valor da contribuição por vontade do contribuinte, que adotaria um novo percentual (art. 19, § 2º).

As novas contribuições começam no mês subsequente ao da exigência (art. 20).

k) Reedição da medida

A flutuação da receita mensal ou anual, a dependência de tantos fatores externos, o comportamento da clientela protegida e as circunstâncias do mercado financeiro de aplicações são parâmetros que afetam o sensível equilíbrio do plano de benefício. Esses elementos do cálculo atuarial e financeiro são imprevisíveis até mesmo para os matemáticos, por isso a possibilidade de reedição da medida.

Normalmente, um plano de benefício navega nas águas tranquilas do equilíbrio, mas, às vezes, é açoitado por déficits e por vez conhece superávit. Um plano que sofreu a perda de 3/4 de sua receita e sangra com o regaste pode, da mesma forma, experimentar diversos períodos de ajuste.

Capítulo XXVII ACRÉSCIMOS DE MORA

O advogado inscrito deve recolher mensalmente a contribuição previdenciária conforme a sua opção (art. 19). Se não fizer ou se o fizer com atraso, ele se sujeita aos ônus da inadimplência estabelecidos nos arts. 21 e 22.

a) Atualização monetária

O valor da contribuição, que passa a se chamar de débito, será atualizado monetariamente aplicando-se os índices de variação do INPC.

b) Juros de mora

Além da atualização monetária, que não constitui qualquer tipo de sanção, o segurado deverá pagar 1% por mês de atraso.

c) Multa automática

Se houver quitação amigável, o segurado deverá recolher mais 10% de multa automática. Caso o faça por força de decisão judicial, a multa acrescerá a 20%.

d) Cálculo dos ônus

Os juros e as multas serão calculados com base no valor da contribuição devidamente atualizada.

e) Destino dos juros e das multas

O montante dos juros e das multas será contabilmente destinado às despesas administrativas da Carteira. Logo, a diferença entre a contribuição original e a contribuição atualizada fará parte da quota individual do participante.

f) Dívida ativa

Os valores apurados farão parte de um livro próprio (art. 22).

g) Consequências da inadimplência

A norma silencia sobre os desdobramentos da dívida do advogado para com a Carteira, entendendo-se que o direito aos benefícios é preservado e que os dois fatos serão conduzidos independentemente. No que diz respeito ao resgate, como ele é definido a partir das contribuições vertidas, é preciso pensar nos benefícios de pagamento continuado do devedor, oferecendo duas opções: calcular a renda mensal a partir do valor recolhido ou deferir o benefício hipotético, deduzindo do pagamento o débito do segurado.

h) Correção da devolução

A atual lei não prevê atualização monetária do que foi indevidamente pago aos participantes, abrindo-se debate sobre a natureza alimentar ou não dessas importâncias. Tem-se compreendido que quando se tratar de *culpa in vigilando* não haveria necessidade da atualização, e existem julgados que dispensam a restituição, ainda que sem culpa da entidade.

Capítulo XXVIII   APURAÇÃO DE DÉBITO

Independentemente das consequências da inadimplência, a Carteira julga-se no direito de cobrar contribuições em atraso.

a) Conceito de débito

O advogado filiado à Carteira é um contribuinte obrigatório ou facultativo do regime de previdência social criado pela Lei n. 5.174/59. A decisão dele de se inscrever depende exclusivamente da sua vontade, mas uma vez admitido no plano de benefícios ele se torna um segurado sujeito às contribuições.

Se ele deixar de recolher o que lhe é devido, além da atualização monetária, ele se sujeita a algum acréscimo fixado pelo art. 21 da lei.

b) Conteúdo do débito

A importância que faz parte do débito é: 1) contribuição original; 2) atualização monetária; 3) juros moratórios; e 4) multa. Não existe multa de natureza fiscal.

c) Livro próprio

A administração da Carteira possuirá um livro próprio onde registrará o nome do inscrito e o seu débito, com o período das mensalidades e o valor. Curiosamente, o *caput* do art. 22 fala em "multas regularmente impostas", possivelmente querendo dizer a multa e os juros cobrados.

d) Tipo de exigência

A cobrança se fará por intermédio de ação administrativa ou judicial. Administrativamente, consistirá em comunicação escrita ao contribuinte da existência do débito, qual o período exigido, o valor original e os acréscimos.

Num prazo razoável, se não for quitado o débito, o liquidante iniciará um processo de cobrança judicial.

e) Destino da arrecadação

A contribuição reclamada, quando paga, fará parte da conta do participante. Os acréscimos destinam-se às despesas administrativas.

f) Inadimplência ou afastamento

A inadimplência é do segurado e não de quem deliberadamente se afastou do plano de benefícios.

Vale lembrar o art. 7º, § 2º: "Os benefícios previstos nesta lei não serão concedidos caso haja inadimplência de contribuições do segurado."

g) Cobrança do facultativo

O segurado facultativo ingressa e deixa o plano de benefícios quando quiser, devendo comunicar as duas hipóteses à administração.

h) Débito do afastado

Aqueles que se afastaram regularmente da Carteira e não recolheram eventuais mensalidades poderão ser cobrados.

i) Cobrança da Justiça

O art. 50 da lei anterior, não revogado, diz: "O servidor da Justiça que entender (sic) ao disposto nos arts. 48 e 49 será responsável pelo pagamento da contribuição não arrecadada e sujeito à multa do triplo do total, cobrável executivamente." Supõe-se que, em vez de entender, o legislador quis dizer desatender.

j) Base de cálculo

O art. 44 da Lei n. 10.394/70 é derrogado quando diz que o débito estará relacionado com o salário mínimo, que atualizava a importância, mas essa atualização continua.

k) Afastamento obrigatório

O art. 3º das DT da lei anterior mandava excluir o inscrito que deixasse de recolhe 12 ou mais prestações "cancelados os seus débitos, ainda que ajuizados".

l) Valores a maior

O débito diz respeito a contribuições, mas os valores pagos a maior assim têm de ser considerados e cobrados.

m) Inadimplência

Conforme o art. 7º, § 2º: "Os benefícios previstos nessa lei não serão concedidos caso haja inadimplência de contribuições do segurado", presumindo-se que sejam as mensalidades mais recentes.

Capítulo XXIX CESSAÇÃO DA INVALIDEZ

Assim como aflorou, o evento determinante da invalidez do segurado poderá cessar um dia, e, nessas condições, as mensalidades da aposentadoria por invalidez também desaparecerão.

Por sua natureza, esse cenário sempre causa polêmicas, incompreensões e dissídios que acabam sendo resolvidos somente no Poder Judiciário. A palavra dos médicos peritos é fundamental para a sua solução.

a) Data da cessação

O benefício tem fim quando é apurada a higidez do advogado para o exercício de sua atividade habitual no mundo jurídico.

Um laudo médico pericial indicará essa data com precisão, na medida do possível, para que sejam tomadas as providências administrativas a cargo do liquidante.

b) Verificação de ofício

Constatando que o segurado está apto para o trabalho, nos exames periódicos (art. 10, § 2º) ou quando exigido (art. 10, § 2º), o liquidante determinará no sentido de ser verificada essa condição material e jurídica para os fins da lei.

c) Ausência da perícia

Diz o art. 10, § 3º, que "a recusa ou falta ao exame médico acarretará a suspensão de pagamento dos proventos até o cumprimento da exigência".

Recusa quer dizer negativa de se submeter ao exame médico. Falta é a sua não realização, independentemente da vontade do segurado. Se ele viaja e não comparece ao exame, caracteriza a segunda hipótese.

d) Natureza dos efeitos

Tendo em vista a possibilidade de o advogado que obteve alta médica regular novamente vir a perder as condições para o exercício de sua atividade, poderá requerer um novo benefício de mesma natureza.

Logo, deflui que a medida tomada pelo liquidante é de suspensão do benefício.

O cancelamento somente dar-se-á por motivos alheios à incapacidade, como inscrição indevida, falta de pagamento, descumprimento da carência, etc.

e) Contribuição mínima

Se recuperado o percipiente da aposentadoria por invalidez e não optar por qualquer outra contribuição, ele obriga-se à contribuição mínima (art. 19, § 3º).

f) Transformação do benefício

Requerendo a prestação, se preencher os requisitos legais, a aposentadoria por invalidez cessará por transformação na aposentadoria por inscrição.

Isso não deixa de ser uma forma de desaposentação, com a particularidade que propicia a volta ao trabalho.

Em virtude de o resgate não se constituir exatamente em um benefício, não se designará o requerimento desse montante como sendo uma transformação de prestações.

g) Informação do INSS

No referente à perícia médica de verificação da invalidez, a informação de que o INSS suspendeu igual benefício do RGPS é notícia que suscitará alguma providência sem ser capaz de *per se* suspender o benefício da Carteira.

h) Trabalho do inválido

A existência de ações tramitando no Poder Judiciário não significa necessariamente um elemento suficiente para caracterizar a suspensão da aposentadoria por invalidez. Cada caso deve ser examinado em particular para verificação do pressuposto da manutenção do benefício.

i) Devolução do indevido

Constatado que o segurado recebeu mensalidades do benefício indevidamente em virtude de ter adquirido condições de trabalho, o liquidante terá de cobrar-lhe as mensalidades que auferiu, contrariando a lei.

j) Inconformidade do segurado

A norma silencia a respeito, mas entender-se-á que, sobrevindo recurso da decisão que mandou suspender as mensalidades do benefício, não haverá efeito suspensivo dessa decisão.

Comprovado mais tarde que o segurado tinha razão, o benefício será restabelecido, pagando-se os atrasados com atualização monetária.

k) Reedição do pedido

Nada obsta que novamente, depois de ter voltado ao trabalho ou não, mas suspenso o benefício, o segurado o solicite.

Capítulo XXX   GERÊNCIA DA ENTIDADE

Diz o *caput* do art. 24 que a Carteira "é administrada e representada, judicial e extrajudicialmente, pelo liquidante".

A lei extintiva poderia ter apontado a natureza jurídica da entidade criada em 27.5.09 para espancar eventuais dúvidas, além de definir a sua razão social. Mas não o fez.

Rigorosamente, é a Carteira dos Advogados em Processo de Extinção e assim deverá ser identificada administrativa e judicialmente. Uma das primeiras providências do liquidante diante da criação de uma entidade autônoma e com patrimônio próprio é registrá-la em Cartório e obter o CNPJ no Ministério da Fazenda.

Na condição de empresa prestadora de serviços previdenciários que é (PCSS, art. 15), concessora de serviços e benefícios em dinheiro, com certo viés previdenciário, operará no mundo econômico e financeiro como tal. Comprará material administrativo necessário para o atendimento de suas obrigações, contratará empregados e autônomos e será ré e autora em ações judiciais, buscando créditos e satisfazendo débitos.

Toda vez que tiver de ser representada, o fará com o liquidante.

De acordo com o RPS, o liquidante é um contribuinte individual e *ex vi* da Lei n. 10.666/03 terá uma retenção de 11% da sua remuneração mensal, e a entidade recolherá os 20% patronais.

Capítulo XXXI   CONSELHO ADMINISTRATIVO

A Carteira dos Advogados em extinção será dirigida por um Conselho Administrativo. Diferentemente do Conselho Deliberativo das EFPC, os seus componentes não serão eleitos pelos advogados inscritos, mas designados.

a) Composição do colegiado

O Conselho será composto de dez membros; cinco deles titulares e cinco suplentes.

b) Designação dos conselheiros

Os conselheiros serão escolhidos e designados: 1) um pelo liquidante (IPESP); 2) dois pela OAB/SP; 3) um pelo IASP; e 4) um pela AASP.

Embora não esteja claro na lei, entende-se que a escolha e a designação dos suplentes sejam cometidas as mesmas autoridades.

c) Escolha dos membros

Quem escolhe e designa os membros são essas mesmas entidades. Não há qualquer tipo de indicação. A comunicação se faz por ofício.

d) Duração do mandato

O mandato é de três anos, vedada a recondução dos titulares, mas não a dos suplentes. Entretanto, o titular poderá ser reconduzido caso provenha de outra entidade designativa.

e) Remuneração auferida

O exercício do Conselho Administrativo é gratuito.

f) Regimento interno

As atribuições do Conselho serão regulamentadas em Regimento Interno elaborado pelo próprio colegiado.

g) Presidência do Conselho

Os membros elegerão o Presidente do Conselho por maioria de votos. Como o mandato tem duração de três anos, a cada triênio sobrevirá essa eleição.

h) Maioria simples

Não estando presentes todos os conselheiros, a decisão se fará por maioria simples, e, no caso de empate, o presidente terá voto de qualidade.

i) Atribuições cometidas

Algumas das decisões do presidente têm de ser corroboradas pelos seus colegas conselheiros. É o caso da valorização do patrimônio e de despesas administrativas (art. 25, § 5º) e o da majoração das contribuições (art. 28).

Capítulo XXXII   REGIME FINANCEIRO

Com toda a clareza possível (e sem distinguir as prestações), diz o art. 26: "A Carteira de Previdência dos Advogados de São Paulo adotará o regime financeiro-atuarial de capitalização."

a) Conceito singelo

O conceito de capitalização é concepção de matemática financeira, organização jurídica, com reflexos na contabilidade. Em linhas muito gerais é aquele que propicia o pagamento das prestações a partir da constituição de capitais fomentados pelas contribuições dos participantes, sendo recomendado para as prestações programadas. Durante a constituição dessas reservas não são observados institutos atuariais, que comparecem por ocasião da definição do valor (que levará em conta a expectativa de vida do segurado).

b) Definição legal

Para a vetusta Resolução CPC n. 1/78 é "aquele que considera, na fixação das reservas técnicas, o compromisso total da entidade para com os participantes, de tal modo que, em relação a esses compromissos, possa a entidade atendê--los sem a utilização de outros recursos de sua arrecadação, se as condições estabelecidas se verificarem" (item 38).

c) Significado da Carteira

A afirmação de que o plano da Carteira observará regime financeiro de capitalização, em linhas gerais, significa que o montante dos benefícios e sua manutenção dependerão dos aportes mensais e do capital acumulado quando da concessão da prestação. A contabilidade registrará as contribuições mensais e promoverá as devidas atualizações de valor. Pode-se afirmar que, num regime adequado ao plano de contribuição definida, o segurado tem conhecimento da contribuição que faz e somente saberá o valor do benefício na data da solicitação.

d) Solidariedade mutualista

Foi abandonado o regime de repartição simples antes aplicado, mas o plano ainda se mantém como previdência social. Todavia, não há mutualismo nem solidariedade, técnicas desprezadas em face do esforço de recuperação do equilíbrio do plano de benefícios.

e) Amplitude do enquadramento

São alcançadas todas as prestações, não só as programadas, mas também as imprevisíveis (aposentadoria por invalidez e pensão por morte), as quais rigorosamente deveriam adotar a repartição simples.

f) Motivação do legislador

A adoção do regime financeiro de capitalização deve-se à excepcionalidade das medidas preconizadas pelo matemático assistente em face do déficit apurado em 2009, que chegou a 12 bilhões de reais em termos de 80 anos.

g) Contribuição definida

É perceptível que o plano de benefícios passa a ser de contribuição definida pura, uma verdadeira caderneta de poupança.

h) Plano equilibrado

Alhures alega-se que um plano CD não produz déficit, o que é verdadeiro na medida em que os aportes oferecidos pelos participantes são exatamente os que ele pode poupar. Mas em relação ao segurado ele poderá ficar aquém do que esperava, se a aplicação financeira não produzir os frutos desejados.

Capítulo XXXIII — CONTA BANCÁRIA

De forma bastante clara diz o art. 27 que a Carteira dos Advogados possuirá uma conta bancária determinada para depositar as contribuições dos segurados. Isso significa que o IPESP não teria guichês de recebimento de importâncias e que todo o numerário jazerá em um banco.

Nada impede que os advogados façam os pagamentos nos municípios em que residam e que os valores sejam repassados para essa conta unificada.

Possivelmente será escolhida a Caixa Econômica Estadual ou então uma instituição igualmente idônea incumbida de aplicar os capitais da Carteira.

Essa conta, em que se acumularão os resultados financeiros da entidade, não se confunde com eventuais outras contas que essa abrirá ou já abriu na mesma rede bancária.

Contabilmente será interessante que o liquidante opte por uma conta específica para cobrir as despesas administrativas e para os diversos fins da legislação.

Serão admitidos aí os aportes normais e especiais e também outras importâncias dos segurados a que a Carteira fizer jus, como a da cobrança de débitos.

Inclui as contribuições originais, o valor da atualização monetária, os juros de mora e a multa automática.

Os valores que possam ter sido auferidos no Poder Judiciário serão imediatamente transferidos para essa conta bancária.

Faz parte relevante das atribuições o gestor acompanhar periodicamente esses depósitos, apurando sua procedência, e verificar os registros contábeis das contas individuais dos inscritos.

Recomenda-se ao liquidante que tente um cosseguro para contornar eventuais surpresas.

Capítulo XXXIV — MAJORAÇÃO DOS APORTES

Em norma de grande relevância para toda a direção da Carteira e para os interessados, especialmente os aposentados e pensionistas, diz o art. 28 da Lei n. 13.549/09: "Ouvido o Conselho, poderão ser majoradas as contribuições estabelecidas por esta lei, sempre que, em decorrência de estudos atuariais, ficar demonstrada a necessidade de reajuste das fontes de receita da Carteira".

Para isso, desde já importa dividir em dois grupos, os segurados envolvidos: a) os atuais contribuintes, que observam um regime financeiro de capitalização e um plano de contribuição definida (verdadeira caderneta de poupança); e b) os participantes assistidos até 26.6.09 (se essa for adotada como data-base).

a) Conselho Administrativo

A decisão de modificar as contribuições vertidas por todos os advogados é muito importante. Partindo da mensuração periódica, quando o liquidante chegar à conclusão da imperiosidade de revisão do Plano de Custeio, ele solicitará uma avaliação específica ao matemático assistente com vistas ao equilíbrio das contas referentes aos assistidos. No ensejo, pedirá informações relativas às novas contribuições.

Além da oitiva do matemático, uma providência dessa natureza carece ser discutida com os cinco representantes dos segurados. O início da oração deixa claro que a decisão do liquidante requererá a aprovação prévia desse órgão colegiado que, se não aprovar, assumirá a responsabilidade pela decisão. Obviamente, implicando um ato administrativo oficial formal (sujeito a contestações).

A relação jurídica de previdência social é institucional, mas, com tantas nuanças do contrato de adesão, importa a anuência dos interesses. O princípio constitucional de transparência obriga o administrador a justificar a solução adotada com a divulgação, ainda que na internet, da avaliação atuarial relativa à massa dos protegidos.

b) Faculdade dos gestores

Embora mencione uma faculdade, tomando conhecimento do pressuposto atuarial e financeiro da modificação, o liquidante e o Conselho Administrativo ficam vinculados a essa solução, sem qualquer alternativa ao seu dispor.

c) Contribuições modificadas

O legislador está falando das contribuições normais e não das especiais dessa lei e da Lei n. 10.394/70.

d) Pressupostos lógicos

A decisão dos dirigentes da Carteira é técnica e não se submete a quaisquer outros critérios. *Ipso facto*, depende da auditoria de terceiros, e o processo decisivo deve pautar-se a partir da Nota Técnica do matemático.

Por mais que se tenham notícias da inviabilidade da manutenção das contribuições vigentes, o pressuposto lógico, material e jurídico é a avaliação atuarial.

e) Necessidade de reajuste

Tendo em vista as contas individuais vigentes a partir de 1º.1.10 (que não seriam beneficiadas pela medida), a majoração das contribuições está relacionada ao compromisso assumido com os assistidos até a data-base.

Capítulo XXXV   AVALIAÇÃO ATUARIAL

O plano de benefícios de uma entidade de previdência social tem de ser tecnicamente estruturado com fulcro na concepção de que socialmente os contribuintes, pessoas ou empresas, vertem aportes financeiros mensais que constituirão as reservas técnicas garantidoras dos compromissos presentes e futuros assumidos com os participantes.

De modo geral, tendo em vista a oferta de benefícios imprevisíveis e prestações programadas, as mudanças ocorridas na massa protegida, a eventual atualização da tábua de mortalidade adotada, o resultado das aplicações financeiras e outros inúmeros fatores demográficos e sociológicos, não há certeza de que os capitais acumulados sejam capazes de corresponder às necessidades momentâneas e futuras.

Por isso os elementos numéricos e financeiros desses planos devem ser apreciados periodicamente em termos de ingressos, custos imediatos e do porvir. Durante certo período, atendidas todas as premissas e os parâmetros eleitos pelo matemático assistente, o plano se mantém equilibrado segundo o que fora modelado anteriormente por ele. Mas, às vezes, são presenciados déficits e superávits, que devem ser equacionados.

Esse cenário aponta para a necessidade lógica e obrigatória legalmente de sobrevir uma avaliação periódica das contas, da flutuação do número de participantes e do comportamento da clientela protegida, atualização da tábua de mortalidade e verificação dos frutos das aplicações financeiras. Os capitais acumulados resultam de contribuições normais ou especiais acrescidos com o resultado das aplicações financeiras desses valores.

Em razão disso, o art. 30 determina o dever de haver uma avaliação atuarial anual. Essa deverá comunicar ao liquidante o balanço geral da entidade para que sejam tomadas as providências, entre as quais, diante de insuficiência de recursos, a majoração das contribuições (art. 28).

Essa mesma disposição fala em auditoria independente em termos de validade da aplicação das normas legais; a primeira delas abrangerá todos os benefícios concedidos.

A norma também pede um recadastramento anual na data de aniversário dos participantes e dos pensionistas, operada por instituição financeira.

Uma avaliação atuarial, que não se confunde com a avaliação formal dos procedimentos administrativos, é uma análise complexa que diz respeito a inúmeros determinantes do equilíbrio do plano.

a) Entidade contratada

A escolha da entidade que promoverá a avaliação atuarial deve ser precedida de coleta de preços ou licitação, subordinada à idoneidade, à tradição e à capacidade dos profissionais. De preferência, aquela que tem experiência e que explicite claramente para os leigos quais os critérios adotados.

b) Natureza do trabalho

A tarefa compreende avaliações atuariais e financeiras, carecendo de ter informações biométricas dos participantes inativos, em risco iminente e dos pensionistas.

Verdadeiramente não haverá avaliação atuarial em relação aos atuais participantes ativos.

c) Período de verificação

A Carteira dos Advogados foi submetida a duas avaliações recentemente antes da aprovação da lei ora comentada. Logo, o período de verificação deve partir dos dados ali apurados.

d) Clientela protegida

É imprescindível que a entidade forneça todos os dados biométricos dos segurados e os elementos relacionados com a base de cálculo das contribuições e dos benefícios, com vistas à aposentadoria por invalidez, aposentadoria por idade vigente e tempo de inscrição, além da pensão por morte.

e) Realização das obrigações

Aspecto jurídico não descartável diz respeito à realização do ativo da entidade, aos seus débitos e créditos.

f) Benefícios mantidos

Parte do cálculo dirá respeito aos benefícios mantidos, em especial os decorrentes do direito adquirido.

g) Benefícios a conceder

Os benefícios a serem concedidos constituem parte importante do estudo em face de se tratar de um plano de benefícios fechado e em extinção.

h) Reservas técnicas

Particularmente, deverá ser determinado se as reservas técnicas são suficientes para honrar os compromissos assumidos.

i) Tábua de mortalidade

Rigorosamente, a tábua de mortalidade deveria ser a dos advogados para que possa espelhar em melhores condições as perspectivas de vida dos segurados.

j) Resultado das aplicações

As aplicações financeiras serão objeto de capítulo em especial.

k) Comportamento da massa

Em virtude da presença de dois benefícios imprevisíveis e um programado, além do resgate, importará saber o comportamento da massa protegida.

l) Equilíbrio do plano

O enfoque técnico da avaliação é precisar a existência do equilíbrio técnico do plano.

m) Prazo do resgate

Assim que terminar o prazo para o resgate, possivelmente em 16.11.09, tal fato implicará em considerações sobre sua manutenção, suas consequências e até mesmo deve-se pensar numa mudança do seu termo (art. 1º das DT).

n) Propostas de solução

Se da avaliação resultar que o plano de benefícios ainda não está equilibrado, o atuário oferecerá soluções técnicas devidas a serem adotadas.

Capítulo XXXVI   VALOR DAS QUOTAS

Em vários momentos a lei se refere às quotas, pois essas determinarão a renda mensal dos benefícios. No art. 31, a lei estipula que, em 1º.1.10, o *quantum* unitário da quota será de R$ 1,00 (um real).

Assim: 1.000 quotas x R$ 1,00 = R$ 1.000,00

Esse valor unitário será alterado mensalmente em função do crescimento da rentabilidade do patrimônio da Carteira dos Advogados. Reduzida essa rentabilidade, o montante de cada quota diminuirá e, por conseguinte, o benefício. A tendência é que aumente.

Depois que o *caput* afirma que o valor será de R$ 1,00 a partir de janeiro de 2010, o § 2º do mesmo art. 31 diz que nos meses de junho e julho de 2009 (dois meses subsequentes à publicação da lei), ele será de R$ 1,00, e que a partir de agosto será submetido a atualização consoante o crescimento da rentabilidade do patrimônio.

Essas datas podem ser modificadas pelo liquidante, após deliberação do Conselho Administrativo (art. 32), com a condição de que "o intervalo compreendido entre aquelas datas e a data da publicação desta lei seja menor do que 6 (seis) meses".

Possivelmente, em 1º.1.10, as importâncias das contribuições dos participantes ativos serão individualizadas em quotas (art. 32, *caput*). Para fins de atualização da moeda, tais importâncias serão corrigidas pelo índice de correção monetária, "aqueles aplicados aos depósitos da caderneta de poupança nos mesmos períodos" (art. 33, § 3º).

As disposições do art. 33 estão embaralhadas. O art. 31 trata de valor inicial da quota (R$ 1,00). No mesmo artigo, o § 1º diz que depende da rentabilidade. Até dezembro de 2009 deveria ser em reais, mas o legislador confundiu as datas. Só poderia acrescer a partir de janeiro de 2010; antes, não tem valorização.

Capítulo XXXVII — MUDANÇA DAS DATAS

Ouvido o Conselho Deliberativo e após deliberação desse colegiado, o liquidante poderá alterar algumas datas previstas na Lei n. 13.549/09 com vistas à dinâmica da Carteira. A norma dispõe sobre datas, mas não sobre períodos.

A autorização contida no disposto no art. 37 comete enorme responsabilidade ao liquidante e aos representantes dos advogados na Carteira, pois dizem respeito à essência da proteção social.

Trata-se de uma permissão vasta e não impede a reedição, outorgando grande liberdade ao titular.

É de solar evidência que as alterações propostas ao Conselho Administrativo que vierem a ser praticadas reclamam fundamento lógico, técnico e jurídico.

Ao falar em alteradas e não em adiadas faz pensar que também possam ser antecipadas.

a) Tempo mínimo

O final do art. 32 deixa claro que entre as datas que podem ser modificadas e 27.6.09 (data da publicação) não pode haver um período menor do que seis meses. Logo, em 27.12.09.

b) Início do reajustamento

Possivelmente, tendo em vista que se programa ao reajustamento dos benefícios do RGPS para ocorrer em janeiro de 2010, essa data foi escolhida para que sobrevenha o reajustamento das mensalidades da Carteira. Entretanto, ela somente acontecerá se o liquidante dispuser da avaliação do crescimento da rentabilidade do patrimônio do plano de benefícios, daí a possibilidade de alteração dessa data-base.

c) Mensalidade do reajustamento

Mensalidade não é data, mas período, julgando-se que ela não possa ser alterada pelos gestores.

d) Fixação das quotas

O valor das quotas disposto no art. 19, § 1º, que é em 27.6.09, poderá sofrer alteração.

e) Doze contribuições

O período de 12 contribuições também não pode ser alterado, exceto pela superveniência de uma nova lei.

f) Concessão de aposentadoria

A data do início das contribuições de 5% destinadas às despesas administrativas fixadas em janeiro de 2010 também pode ser protelada.

g) Valor das quotas

A data-base para a definição das quotas foi definida como sendo 1º.1.10, momento que autorizaria a modificação.

h) Dois meses

Os dois primeiros meses referidos no art. 31, § 2º, não serão alterados.

Capítulo XXXVIII   REVOGAÇÃO DA LEI N. 10.394/70

Em Direito Intertemporal está assente que uma norma de mesmo nível revoga legalmente outra em três hipóteses: a) se for posterior a ela; b) se dispor contrariamente; e c) se determine expressamente nesse sentido.

O texto da Lei n. 13.549/09 contraria praticamente toda a redação anterior, além de explicitar alguns dispositivos que, apesar de contrariados, são expressamente revogados. Portanto, os artigos não citados no art. 34 não estão necessariamente mantidos.

a) Inscrição de segurados

Dizia o art. 5º que: "Será permitida a inscrição de contribuinte ou beneficiários de outra instituição previdenciária."

Configurando a natureza paralela do regime da Carteira (inegavelmente complementar), o dispositivo superado enfatizava a obviedade de que os segurados obrigatórios de outros regimes poderiam filiar-se à Carteira. Pelo menos desde a LOPS os advogados eram segurados obrigatórios. A revogação do preceito não altera em nada o cenário jurídico. Um profissional do Direito filiado obrigatoriamente ao RGPS pode, simultaneamente, aderir à previdência fechada (se empregado de uma patrocinadora), ingressar numa entidade aberta e também na OABPrev.

b) Direito à reinscrição

Desde a eficácia da Lei n. 13.549/09, quem se afastar da Carteira em extinção a ela não poderá retornar (art. 1º, parágrafo único). Em especial os que resgataram suas contribuições, pondo fim à relação previdenciária.

c) Dados sobre a inscrição

Tendo em vista que não existe mais a possibilidade de novas admissões, o procedimento regrado no art. 11 tornou-se obsoleto.

d) Comunicações do segurado

O art. 12 dizia: "O segurado deverá fazer comunicação à Carteira das alterações que importarem em inclusão ou exclusão de dependente, salvo as decorrentes da idade."

Ora, esse dever permanece. Um deles é o de comunicar o óbito do segurado; outro, da recuperação da higidez do filho inválido, e assim por diante.

e) Reajustamento dos benefícios

Conforme a lei revogada: "Os benefícios serão calculados em salários mínimos, para que sejam reajustados automaticamente, na forma do que dispõe o artigo anterior." (art. 14)

O critério de reajustamento foi modificado pelo art. 6º da Lei n. 13.549/09. Os segurados beneficiados pela decisão judicial que mandou corrigir pelo índice do salário mínimo poderão discutir o direito adquirido.

f) Conceito de invalidez

A nova redação dada ao art. 10 revogou tacitamente o art. 22 da lei anterior.

g) Período de carência

Por exigência dos postulados da atuária, os períodos de carência foram substituídos.

h) Requerimento do benefício

Os benefícios devem ser requeridos ao liquidante.

i) Pagamento da contribuição

Também mudou quem recebe as contribuições.

j) Cessação da contribuição

A data da cessação das contribuições foi alterada, não mais valendo o art. 43.

k) Serviço atuarial

Quem avaliará o cenário atuarial serão empresas terceirizadas contratadas pelo liquidante.

l) Alteração das fontes

As atribuições do presidente do IPESP foram cometidas ao liquidante.

Capítulo XXXIX   INDIVIDUALIZAÇÃO DAS QUOTAS

O montante dos benefícios do advogado que vier a se aposentar (e dos seus dependentes) dependerá dos capitais mensais por ele acumulados antes de 27.5.09 e depois dessa data. Cada segurado inscrito possuirá uma conta individualizada contabilmente como se fosse uma caderneta de poupança bancária (ou depósitos do FGTS na Caixa Econômica Federal).

Qualquer que seja o saldo dessa conta, dependerá do número de quotas a que fizer jus quando do rateio (verdadeiro balanço de liquidação).

A redação do texto do art. 33 dá a impressão de que passou por muitas mãos e não aclara bem quais são os critérios que serão produzidos. De todo modo, obrigará o aplicador da norma, o intérprete e o julgador a ponderar filosoficamente qual deve ser a participação de cada um dos ativos e dos inativos.

a) Apuração do patrimônio

Julga-se que possivelmente em 27.6.09 — caso essa seja escolhida a principal data-base do plano de benefícios — serão contabilmente apurados dois totais do patrimônio da Carteira.

b) Aposentados e pensionistas

O primeiro deles, designado como conta coletiva, com preferência sobre os segundos, agrupará os participantes assistidos. Para eles não haverá conta individualizada, como era antes da Lei n. 13.549/09.

c) Participantes ativos

O capital total do segundo grupo, dos participantes ativos, será partilhado proporcionalmente às contribuições por eles vertidas até então. Não serão cotizações devidas, mas as efetivamente recolhidas.

d) Cálculo da proporcionalidade

Até que fosse modificado, o regime da Carteira era de repartição simples e benefício definido. Não será mais, e o valor total das quotas dependerá do que foi recolhido anteriormente e do que vier a recolher posteriormente à mudança. Quem aportou pouco terá pouco e quem pagou mais estará em melhores condições.

Em virtude da pouca expressividade da contribuição pessoal, o custeio era principalmente informado por aportes de terceiros; o nível da conta dependerá da quantia com que o advogado contribuiu.

e) Risco iminente

Risco iminente é a expressão da previdência complementar correspondente a quem tem o direito num momento, mas preferirá exercitá-lo num momento mais adiante. Julgando-se com direito adquirido estará no primeiro grupo, o dos assistidos. A lei partiu daqueles que estão em gozo de benefícios, excluindo os que têm direito e não o exercitaram. Excepcionalmente, é possível que sejam acolhidos apenas aqueles que pretenderam exercitar o direito antes da mudança e só tiveram a sua pretensão reconhecida depois dela.

f) Conta personalizada

Diante do regime financeiro de capitalização e do tipo de plano CD, a impressão que fica é de que as contas personalizadas registrarão os aportes efetuados pelos advogados inscritos e serão majoradas, quando for o caso, pelos índices da caderneta de poupança (art. 33, § 3º), sem juros de mora.

Nessas condições, o segurado terá como saber qual será o valor do seu benefício.

Capítulo XL VIGÊNCIA E EFICÁCIA

Diz ainda o art. 35 que a Lei n. 13.549/09 entrará em vigor em 27 de junho de 2009, ou seja, 30 dias depois da publicação no Diário Oficial do Poder Executivo Estadual.

Embora tenha entrado em vigor em 27.5.09 e adquirido eficácia em 27.6.09, alguns dos seus preceitos foram diferidos.

a) Reajustamento dos benefícios

A partir de 2010, os benefícios serão reajustados mensalmente (art. 6º). Embora um programa de computador possa facilmente fazer esses cálculos, a periodicidade mensal não é explicada.

b) Idade mínima

A idade mínima de 70 anos será implantada progressivamente, variando de 65 anos em 2009 até chegar aos 70 anos em 2019 (art. 9º, § 3º, ns. 1 a 6). O raciocínio é jurídico, revelando que o elaborador da norma acolheu a determinação do matemático assistente e atendeu à ideia da expectativa de direito, configurando uma regra de transição. Diminuindo eventuais contestações do direito adquirido.

c) Concessão de aposentadoria

A contribuição dos que se aposentarem a partir de 1º.1.10 será de 5% (art. 19).

d) Primeira auditoria

A contratação da primeira auditoria ocorrerá depois da publicação da lei (art. 30), ou seja, no mês de outubro de 2009. Curiosamente, o *caput* fala que a Carteira contratará a avaliação e informará o liquidante, mas na verdade é o inverso, o liquidante é que fará essa contratação, informando ao Conselho Administrativo.

e) Atualização do patrimônio

Na data-base ocorrerá a apuração do patrimônio da Carteira para os diversos fins da lei.

f) Direito ao resgate

Até 120 dias a contar de 26.5.09, ou seja, até 25.9.09, os participantes que desejarem se afastar do plano de benefícios da Carteira promoverão o resgate do capital acumulado conforme uma tabela de percentuais (art. 1º, I e V da DT).

g) Revogação da Lei n. 10.394/70

A revogação dos dispositivos expressamente mencionados no art. 34 se deu no dia 27.6.09.

Capítulo XLI   RESGATE DAS CONTRIBUIÇÕES

Abrindo as DT, a Lei n. 13.549/09 dispõe sobre o resgate das contribuições vertidas pelos participantes.

Comentando o art. 14, II, da LBPC, que regula a devolução das contribuições recolhidas pessoalmente pelos empregados na EFPC, definimos o resgate como a possibilidade de o participante que se arreda do plano de benefícios, sem que tenha ou não tido oportunidade de usufruir as prestações de pagamento continuado convencionado, sacar e dispor livremente o que aportou mensalmente, montante frequentemente designado como reserva de poupança, acrescidos dos ganhos financeiros e deduzidos certos ônus inerentes à relação administrativa jurídica de previdência social (*Comentários à lei básica da previdência complementar.* São Paulo: LTr, 2003. p. 143).

Não se constituindo em benefício de pagamento continuado, perdendo o caráter previdenciário, o resgate é constituído de fração legal das contribuições normais ou especiais realizadas, e dos seus frutos, direito disponível do titular próprio da relação entre o segurado e a Carteira dos Advogados.

O art. 1º das DT regulamenta esse benefício estabelecendo algumas condições.

a) Natureza jurídica

No Direito Previdenciário Complementar o resgate é uma prestação financeira de pagamento único do participante que preenche certas exigências legais, isto é, um direito convencionado na lei referente às contribuições vertidas que lhe devem ser restituídas quando da solicitação do afastamento da Carteira.

b) Requerimento do desligamento

Tratando-se de uma relação jurídica *intuitu personae,* somente o titular poderá solicitar o desligamento da Carteira e requerer o resgate ao mesmo tempo, sem o prejuízo de poder fazê-lo por intermédio de procuração para esse fim outorgado ou por representante, se ele estiver incapaz.

c) Cumprimento do prazo legal

A lei estabelece um prazo decadencial, aparentemente improrrogável, de 120 dias, durante os quais esse exercício é possível. Diante da importância do instituto jurídico, o prazo é exíguo e poderia ser maior. Tal prazo deve ser contado de 27.6.09, quando a lei entrou em vigor, e deve recair em 25.9.09.

d) Manifestação de vontade

O requerimento, possivelmente padronizado pelo liquidante, deverá conter a expressão da volição do interessado. Não se vislumbra a possibilidade de retratação num plano de benefícios em extinção.

e) Percentuais válidos

O montante do resgate de cada participante depende diretamente do seu tempo de inscrição na Carteira, contado da admissão até 26.5.09 (excluídos os períodos de eventuais afastamentos). São quatro critérios para os participantes ativos e um critério para os percipientes de benefícios.

Quem tem até 10 anos receberá 60%.

Quem tem mais de 10 anos e até 20 anos receberá 65%.

Quem tem mais de 20 anos e até 30 anos receberá 70%.

Quem tem mais de 30 anos e até 35 anos receberá 75%.

Quem está em gozo de benefícios receberá 80% das reservas matemáticas (DT, art. 2º, § 2º).

f) Participante em cobrança

Pressupõe-se que sejam as contribuições vertidas e não as questionadas ou cobradas. Nesses casos, o liquidante deverá promover um acerto de contas.

g) Cálculo do valor

Depois da constituição de uma primeira provisão das reservas matemáticas individuais apuradas até 26.5.09 dos participantes assistidos e pensionistas e participantes em risco iminente, o patrimônio líquido remanescente será destinado a uma segunda provisão, destinada ao custeio dos resgates dos segurados inscritos até 28.12.07, rateados na proporção das contribuições individuais realizadas desde a inscrição, com todos os valores corrigidos monetariamente (art. 3º, I e II, das DT).

h) Condição dispensada

Diferentemente do art. 42 do Regulamento Básico da OABPrev, que a impõe como condição, mesmo que o segurado faça jus à aposentadoria, poderá solicitar o resgate.

i) Juros de mora

Não há revisão legal nem tem sentido o acréscimo de juros ao valor do resgate.

j) Imposto de Renda

Não se tratando da figura da portabilidade, ficando o recurso financeiro à disposição do segurado, sobre ele incidirá o IR (art. 33 da Lei n. 9.250/95). Nos termos do Recurso Especial n. 785.857, o STJ entendeu ser devida a contribuição exacional. Um estudo sobre a inexigibilidade dessa ação pode ser encontrado em "Ação de restituição do Imposto de Renda, incidente sob o resgate de previdência privada", de *Irio Dantas da Nóbrega,* disponível in: *Jus Navigandi.*

k) Ausência de resgate

A situação de quem não resgatou até 16.11.09, se o prazo legal não for novamente prorrogado, será interpretada como se o participante desejasse permanecer no plano de benefícios, e, nesse caso, não mais poderá resgatar.

l) Solicitação de portabilidade

Juridicamente, o liquidante não pode conceder os benefícios da portabilidade por falta de amparo legal, mas não se estranhará se o Poder Judiciário a deferir, uma vez que o participante poderá resgatar e transportar pessoalmente capital para uma EFPC. O óbice será apenas o Imposto de Renda.

Capítulo XLII ATUALIZAÇÃO DOS VALORES

A lei prevê o índice da correção monetária da caderneta de poupança para os valores do resgate "desde o mês a que se referem até o mês anterior ao da data em que forem efetivamente realizados" (art. 2º, *caput*).

Caso se trate de percipiente de benefício que optar pelo resgate, o segurado terá a "base de cálculo de suas Reservas Matemáticas atuarialmente calculadas" (art. 2º, § 2º).

Embora não diga qual o critério, agirá bem o liquidante se entender que o indexador é o índice de atualização da caderneta de poupança.

O legislador se esqueceu de falar da opção do pensionista, mas rigorosamente nada impede que igual solução seja aplicada. O raciocínio que levou a lei a pensar no segurado é transferível para o dependente.

Capítulo XLIII   PAGAMENTO DO RESGATE

Da mesma forma como sucede nas EFPC com a portabilidade e o resgate previsto na LC n. 109/01, diz o art. 2º, § 2º, das DT que o advogado que optar pelo resgate, assim que receber a importância correspondente com esse ato, renunciará a outros direitos.

Rigorosamente, isso não é correto porque a relação previdenciária se esgota, mas não a jurídica. O que o preceito quer dizer é que o segurado não poderá solicitar outro benefício (que não o próprio resgate), por exemplo, aquele decorrente da invalidez.

O ato jurídico do desfazimento da relação previdenciária se aperfeiçoa com a instrução do pedido, chamado de opção, e não como pagamento. Uma vez requerido formalmente o resgate, se sobrevier uma invalidez, não fará jus ao benefício. O ato jurídico da relação jurídica se esgota quando não mais puder contestar o valor do resgate.

Deferido o resgate, não há possibilidade de reinscrição num plano que está em extinção.

Entretanto, a relação jurídica se mantém por cinco anos. Descobrindo que o montante do resgate não observou as normas, será possível ao advogado pretender a correção dos valores que lhe foram pagos.

Conforme Comunicado do IPESP, os advogados que desejarem saber o valor do seu resgate, se digitarem o número de inscrição da OAB e obtiverem a senha no *site:* <www.ipesp.gov.br>, terão a informação desejada.

Priscila Costa registra que um advogado tentou a portabilidade para um fundo de pensão, mas não a obteve, assegurando apenas o resgate (*Juiz manda IPESP reembolsar advogado em São Paulo*, disponível em 30.1.09, no Consultor Jurídico).

Capítulo XLIV PRORROGAÇÃO DO PRAZO

No dizer do art. 4º das DT da Lei n. 13.549/09: "O prazo previsto no *caput* do art. 1º destas Disposições Transitórias poderá ser prorrogado pelo liquidante, por deliberação do Conselho."

Os prazos referidos nos incisos I a V do aludido art. 1º são de até dez anos, entre 10 e 20 anos, entre 20 e 30 anos, entre 30 e 35 anos e sem prazo "para os que já estiverem em gozo de seus benefícios".

A disposição não fala em minoração, mas apenas em majoração dos prazos, possivelmente levando em conta a tentativa de equilibrar o plano de benefícios. Também se omite sobre o número de vezes que isso venha a suceder, entendendo-se que possa ser reeditada a providência, caso existam pressupostos técnicos para isso e, é claro, após recomendação da avaliação atuarial.

O preceito é extraordinariamente relevante e outorga ao Conselho Administrativo uma incumbência de grande realce e que não será aceita pelos participantes se não for acompanhada de uma prestação de contas prévia, apresentada de forma clara, objetiva e compreensível.

Deve ser precedida de amplos estudos e, não fora o prazo exíguo para a sua consumação, estaria destinada a debates, discussões e contestações.

Capítulo XLV — QUESTÕES JURÍDICAS

Em se tratando de norma excepcional, a Lei n. 13.549/09 deixa a desejar. Juridicamente, não disciplina vários elementos essenciais de um plano de benefícios destinado à extinção, ensejando vários questionamentos. Em alguns momentos, como na definição das quotas de cada um, ela é bastante confusa. Convive com a lei que pretendia revogar e que foi elaborada há 39 anos. Daí contemplar o casamento ou a união estável como formas de cancelamento da pensão por morte, causando cenários constrangedores que foram eliminados em 1991 pelo RGPS.

A razão de ser das lacunas e impropriedades é intrigante. Possivelmente porque, em vez de ser original, sua redação partiu do texto da norma que ela superou. Com isso o liquidante enfrentará dificuldades no dia a dia da gestão.

Fica a sensação de que quem elaborou o Projeto de Lei tinha conhecimento de alguns precedentes usuais, decisões do IPESP, pareceres da Procuradoria do Estado, mas não se preocupou em positivá-los. Dá a impressão de que o texto passou por muitas mãos.

Obrigará o liquidante a consultar os entendimentos do IPESP, pelo menos desde 1970.

Agora são examinados alguns institutos técnicos que frequentemente geram questionamentos na aplicação, integração e interpretação da norma previdenciária usual.

a) Datas-base

A Lei n. 13.549/09 alterou o plano de benefícios em várias prescrições em termos de contribuições e benefícios, com regras que entraram em vigor quando de sua eficácia e, em outras questões, é a aplicação diferida para diversos instantes. Não deixou claras as distintas datas-base, e uma delas é a que diz respeito ao balanço dos valores.

b) Classificação didática

A relação jurídica entre os advogados e a Carteira, admitida como sendo um contrato de adesão institucional, a despeito de o plano de benefícios ser gerido por uma autarquia estadual (IPESP), se posta no Direito Privado, *ab initio*, regendo-se no que couber pelo Direito Previdenciário e pelo Código Civil, com incursões específicas na legislação previdenciária básica e complementar.

Abstraindo a volição que faz parte de toda relação jurídica bilateral, o que resta é uma adesão a um plano de benefícios previamente estabelecido na lei e que não pode ser objeto de vontades próprias dos dois polos do liame. Quem ingressou na Carteira se sujeita ao que está *a priori* estabelecido.

c) Ingresso do incapaz

Está doutrinariamente assente no Direito Previdenciário que a previdência social adota os mecanismos do seguro social, em alguns postulados afeiçoados a estrutura do seguro privado. Destarte, descaberia falar na pretensão à aposentadoria por invalidez do advogado que se inscreveu portador de moléstia configurada nos exatos termos da definição de invalidez preconizada no art. 10.

Rigorosamente, se a DII ocorrer dentro do período de carência ou sobrevier antes da admissão, ele não fará jus àquele benefício. Sem impedir que usufrua eventualmente de uma futura aposentadoria por inscrição ou outorgue a pensão por morte.

d) Decadência da contribuição

Inexiste prazo fixado para a exigência de contribuições devidas, e esse termo poderia ser o prazo universal de cinco anos (Súmula Vinculante STF n. 8), mas, como o inadimplente não tem direito, a qualquer tempo (*sic*), o liquidante exigirá as mensalidades devidas em atraso.

e) Prescrição do direito

Também não se vê comando geral no tocante ao prazo para o requerimento de um benefício a que o segurado faça jus. Poderia ser imprescritível, como no PBPS. Para as duas aposentadorias não há decadência e, estranhamente, no caso de pensão por morte, é de 36 meses, o que é discutível, especialmente na presença de menores, ausentes e incapazes.

f) Revisão de cálculo

Não se estimou o termo a partir do qual é impossível rever o cálculo do resgate ou das mensalidades de um benefício. A princípio também seriam acolhidos os mesmos dez anos do PBPS para a última hipótese.

g) Natureza da contribuição

O aporte dos advogados é contribuição social privada criada por uma lei estadual. Trata-se de obrigação previdenciária previamente ajustada, não se constituindo em exação nem observado o Código Tributário Nacional (Lei n. 5.172/66).

Nascida do contrato previdenciário de *Manoel Soares Povoas*: "o ato jurídico bilateral pelo qual uma pessoa — o participante —, querendo garantir-se e aos seus contra as consequências da materialização de certos riscos sociais, acorda com uma pessoa legalmente autorizada e efetua, no domínio privado, a compensação desses riscos —; a entidade, mediante o pagamento (único ou continuado) de uma importância — a contribuição —, recebe, por ele ou pelas pessoas que designou como beneficiário, a respectiva compensação ou reparação na forma de benefícios pecuniários ou de serviços previdenciários" (*Previdência privada*. 2. ed. São Paulo: Quartier Latin, 2007. p. 274).

h) Fiscalização da administração

Não há previsão de fiscalização das ações diretivas do liquidante (exceto, naturalmente, pelo Conselho Administrativo que, *in casu*, representa os advogados). Não se tratando de EFPC associativa, não será inspecionada pela SPC, sujeitando-se apenas ao TCE. O Ministério Público poderá ter interesse na medida em que o patrimônio é gerido por uma autarquia estadual.

i) Relações com o Conselho

O liquidante é o titular da Carteira, dela não é empregado. Ele não subordina nem é subordinado pelo Conselho Deliberativo. Cada um tem atribuições específicas, devendo atuar integradamente.

j) Aplicações financeiras

Os capitais acumulados pela Carteira possivelmente serão entregues à Caixa Econômica Estadual, que os aplicará sem norma específica da lei que os regule. É preciso abeberar-se nas inúmeras normas baixadas pelo Conselho Monetário Nacional, pelo Banco Central do Brasil, pela Bolsa de Valores, etc., muito úteis porque os fins são comuns.

k) Independência do RGPS

O regime de previdência social da Carteira louvar-se-á ou inspirar-se-á no RGPS e em seus institutos técnicos, mas independe desse regime geral dos trabalhadores da iniciativa privada. Assim como a previdência fechada não depende da previdência básica do INSS (Lei n. 8.213/91).

Alguns conflitos poderão sobrevir em matéria de concessão ou negativa da aposentadoria por invalidez e incapacidade dos dependentes, sendo certo que as conclusões das perícias serão distintas.

l) Possibilidade de transação

A legislação do plano de benefícios em extinção deveria conter normas de negociação para que o liquidante detivesse melhores condições de assegurar o cumprimento dos compromissos do plano. Haverá momentos em que ele se sentirá com vontade de conciliar. Como é o caso de descontar ou não as mensalidades não recolhidas nos benefícios e no resgate.

m) Transformação de benefícios

Nada se dispôs sobre a transformação de benefícios, mas é preciso pensar num advogado percipiente de aposentadoria por invalidez que pretenda transformá-la em aposentadoria por inscrição ou por idade.

n) Fontes formais

Como a Lei n. 13.549/09 não é orgânica e, portanto, não regulamenta todas as situações que se apresentam, parece correto afirmar que, nos casos de dúvida, o liquidante possa invocar as regras da LBPC, da SPPREV e do PBPS. Por exemplo, nas hipóteses de ausência ou desaparecimento do segurado com vista à pensão por morte.

Cabe alguma menção ao ESPCU (Lei n. 8.112/90) e à Lei Complementar Estadual n. 1.010/07 (SPPREV), especialmente à Lei n. 6.024/74 (liquidação das instituições financeiras) e ao CDC.

Obriga-se a dar preferência aos idosos (Lei n. 10.741/03) e aos deficientes (Lei n. 7.853/89).

Evidentemente, perfilha a CF e a Constituição do Estado de São Paulo. Podendo também se falar no art. 96 da Lei de Falências, arts. 206 a 219 da Lei das Sociedades Anônimas, arts. 748 a 786-A do Código de Processo Civil, arts. 1.101 e 1.112 do Código Civil Brasileiro e arts. 63 a 67 da Lei n. 6.435/77.

o) Natureza da Lei n. 13.549/09

Da análise do seu texto tem-se que a norma comentada é uma lei estadual geral, que aborda vários procedimentos da relação jurídica, mas não é especial, orgânica, nem sistemática. Uma lei ordinária que acabou revogando uma lei complementar, quando tratava da extinção do IPESP (sic).

p) Uso da analogia

Diante do vazio normativo, sempre que possível, será preciso pensar nas modalidades assemelhadas previstas na LBPC (quando trata da intervenção e da liquidação extrajudicial) e na Lei n. 6.024/74 (instituições financeiras).

q) Direito Procedimental

Operando praticamente na mesma linha da lei anterior, exceto sobre a cobrança, a lei não possui normas sistematizadoras sobre Direito Previdenciário Procedimental.

O liquidante acabará por seguir os trâmites administrativos que o IPESP consagrava anteriormente, convindo ter em mente a experiência da Lei n. 9.784/99, do Decreto n. 70.235/72 e da Portaria MPS n. 323/07.

r) Direito Intertemporal

Os preceitos da Lei n. 10.394/70 foram: a) mantidos; b) revistos; c) revogados; e d) derrogados.

s) Justiça competente

O Poder Judiciário competente tem sido entendido como sendo a Justiça Estadual em face de o Estado de São Paulo ser o sujeito passivo de ações, e isso sem que ficasse claro na norma legal. O Administrador da Carteira é uma autarquia estadual.

t) Princípios aplicáveis

São válidos todos os princípios, constitucionais ou não, da previdência social, entre os quais o do equilíbrio atuarial e financeiro, facultatividade de saída do plano, certos aspectos da complementaridade, correlatividade da contribuição com o benefício.

Principalmente o respeito à igualdade dos iguais, coisa julgada, ato jurídico perfeito e direito adquirido. Nessa emergência não pode ser considerado informador o da universalidade, que foi arranhada pela excepcionalidade (*Princípios de direito previdenciário*. 4. ed. São Paulo: LTr, 2003).

u) Regras de interpretação

A Carteira dos Advogados é um plano de benefícios privado e restrito exclusivamente à categoria dos inscritos na OAB/SP. A partir de 29.5.01, assume algumas características de uma EFPC associativa, sem que seja.

O texto da lei regente deve ser interpretado em função de uma entidade com um plano de benefícios em extinção, o que convalida certas medidas drásticas da lei e do liquidante, todas elas vinculadas ao equilíbrio atuarial e financeiro.

Inadmite exegese extensiva em face das dificuldades operacionais da gerência. Não configura a intervenção (embora o seja) nem liquidação; a única restrição é o déficit presente e a vedação de novas inscrições.

v) Filosofia previdenciária

Entre muitos outros, um questionamento de natureza previdenciária que permeia o Direito Previdenciário e a ser objeto de embates é a relação protetiva entre os contribuintes ativos e os participantes assistidos (aí incluídos os pensionistas).

Num plano de benefícios que exija novo ônus, ter-se-á que decidir qual desses grupos será responsabilizado e em que proporção: a) o segurado não aposentado; b) o aposentado; e c) ambos.

Na hipótese prevista na LBPC e aqui também, de onerar apenas os contribuintes ativos, se pode pensar em fazê-lo proporcionalmente a alguns indicadores pessoais como: 1) reserva técnica; 2) idade (pensando na expectativa de vida); 3) tempo de inscrição; 4) nível das contribuições vertidas. A ideia que sustenta essa hipótese é de que esses teriam condições de arcar com as novas responsabilidades porque estão exercendo atividade profissional.

Onerar apenas os aposentados somente teria amparo técnico no fato de que tiveram as mensalidades majoradas acima do INPC em certo tempo, mas da mesma forma seria preciso considerar os fatores pessoais acima. Em face de a responsabilidade ser coletiva, não é uma medida defensável.

Contando com a participação de cada um desses dois segmentos, aumentando a contribuição dos ativos e inativos, o mais adequado parece ser uma divisão ponderada de encargos.

w) Futuro da carteira

O art. 52 da LBPC fala na possibilidade de reversão de uma liquidação extrajudicial, quando for possível recuperar o equilíbrio do plano de benefícios da EFPC. A Carteira dos Advogados foi diagnosticada com uma doença letal que a destruiria em 2019, se nenhuma providência fosse tomada. O déficit apontado diz respeito a 80 anos e depois das drásticas medidas apontadas pelo matemático assistente, ela tem condições de se reequilibrar.

Nesse sentido, amanhã, passando a estupefação e os tumultos da transição, talvez uma lei estadual venha a retirar essa pecha de extinção e o plano volte a funcionar a contento. Uma possibilidade real seria transformar o seu ativo, a OABPrev ou a outra EFPC.

x) Deveres do liquidante

O art. 1103 do Código Civil sugere alguns deveres do liquidante: a) arrecadar bens, haveres e documentos da entidade onde quer que estejam; b) promover um inventário de ativo e passivo em certa data-base (balanço de contas); c) dar ampla ciência aos interessados das providências tomadas em sua gestão; d) propiciar informações prévias sobre o valor do resgate e dos benefícios de pagamento continuado; e) informar aos participantes ativos o montante das suas quotas acumuladas; f) prestar contas de débitos e créditos da entidade; g) propiciar todos os esclarecimentos que se fizerem necessário às autoridades, ao Conselho Administrativo e aos participantes.

Na ausência de norma positivada, o liquidante e o Conselho Administrativo têm um formidável problema: como dividir a receita oriunda da juntada de procurações entre os participantes. Eles não são iguais, não ingressaram no sistema na mesma data. Estavam num plano de benefício definido, cada um deles tem uma expectativa de vida e um capital acumulado distintos. Pode-se pensar numa fórmula simplificada, que seria atribuir-se proporcionalmente ao capital acumulado decorrente das contribuições pessoais vertidas, mas uma solução mais equânime e trabalhosa seria híbrida: divisão simples, como antes indicado, mais uma combinação dos indicadores pessoais.

y) Dano moral

Não cogitamos de uma ação de dano moral contra quem quer que seja. A responsabilidade do Estado está historicamente diluída ao longo do tempo e não pode ser mensurada em termos de aplicação de uma reparação coletiva. Falta concretude para definir em que momento alguém deveria tomar providências acautelatórias. Um processo dessa natureza se arrastaria por décadas e se sobreviesse alguma condenação, o que é improvável, desaguaria num precatório possivelmente não resolúvel. A solução alternativa de uma pena moral é desnecessária, porque moralmente os responsáveis já foram penalizados e ainda serão por algum tempo.

Todos nós aprendemos com essa dolorosa experiência de que previdência social é tão importante que não pode ser deixada a quem não a conhece e nem tem competência.

ANEXOS

LEI N. 5.174, DE 7 DE JANEIRO DE 1959

Dispõe sobre a criação do Instituto de Previdência do Estado de São Paulo, da "Carteira de Previdência dos Advogados do Estado de São Paulo".

Faço saber que a Assembleia Legislativa decreta e eu promulgo a seguinte lei:

DISPOSIÇÃO PRELIMINAR

Art. 1º Fica criada, no Instituto de Previdência do Estado de São Paulo, uma carteira autônoma denominada "Carteira de Previdência dos Advogados do Estado de São Paulo". Dotada de patrimônio próprio, tendo por objetivo proporcionar aposentadoria e pensão aos seus beneficiários, na forma estabelecida por esta lei.

CAPÍTULO I
Dos Beneficiários

Art. 2º São beneficiários da Carteira de Previdência dos Advogados do Estado de São Paulo:

I — os segurados para percepção de aposentadoria;

II — as pessoas definidas no art. 8º para percepção de pensão.

Art. 3º São segurados da Carteira ora criada os advogados, provisionados e solicitadores, com inscrição principal na Ordem dos Advogados do Brasil, Secção de São Paulo, sendo:

I — obrigatórios, os advogados com menos de 50 anos de idade e mais de dois anos de inscrição principal;

II — facultativos, desde que contem menos de cinquenta anos:

    a) os advogados até completarem dois anos de inscrição principal;

    b) os provisionados e solicitadores.

    c) os advogados que sejam ou venham a ser funcionários públicos, ativos ou inativos, ou segurados obrigatórios de qualquer Instituto ou Caixa de Previdência Social.

§ 1º Poderão ser segurados facultativos os advogados provisionados ou solicitadores que contando mais de cinquenta anos de idade à data da promulgação desta lei, requererem dentro de noventa dias da sua regulamentação provando efetivo exercício da profissão nos anos de 1955 a 1957. Mediante procurações extraídas de pelo menos 15 (quinze) processos em andamento nesse período, perante o juízo cível, criminal ou trabalhista. Considerando-se também como efetivo exercício da profissão o desempenho de mandato eletivo na Ordem dos Advogados do Brasil, Secção de São Paulo e na Associação dos Advogados de São Paulo.

§ 2º Para os efeitos deste artigo, conta-se o tempo de inscrição provisória na Ordem dos Advogados do Brasil, Secção de São Paulo.

Art. 4º Perderá a qualidade de segurado quem tiver sua inscrição principal cancelada na Ordem dos Advogados do Brasil, Secção São Paulo.

Parágrafo único — No caso de reinscrição o segurado contará para todos os efeitos o tempo decorrido anteriormente ao cancelamento da inscrição.

CAPÍTULO II
Dos Benefícios

Art. 5º Poderá aposentar-se o segurado, preenchidas as demais condições previstas nesta lei:

I — com idade mínima de 65 anos, se deixar de exercer a profissão;

II — por invalidez para o exercício da profissão, verificada em laudo elaborado por três médicos do Instituto de Previdência do Estado de São Paulo.

§ 1º No caso do item I, o pagamento dos proventos de aposentadoria ficará subordinado à prova de ter sido cancelada, na Ordem dos Advogados do Brasil, a inscrição do segurado.

§ 2º No caso do item II, o segurado deverá, de dois em dois anos, ou quando lhe for exigido, submeter-se a exame médico.

Art. 6º A aposentadoria consistirá numa renda mensal composta de duas parcelas:

I — uma parte fixa, equivalente ao salário mínimo mensal vigente na cidade de São Paulo, ao tempo de aposentadoria;

II — uma parte variável, correspondente a 0,08 (oito centésimos), 0,12 (doze centésimos) ou 0,16 (dezesseis centésimos) da parte fixa por ano de contribuição, em cada base, mínima, média ou máxima, respectivamente.

Art. 7º Cessa a aposentadoria:

I — por morte do segurado;

II — se o aposentado voltar a exercer a advocacia por si ou por interposta pessoa;

III — se deixar de existir a invalidez, a menos que o segurado já tenha atingido 65 anos de idade;

Art. 8º Por morte do segurado, ativo ou aposentado, terão direito à pensão, quando dele economicamente dependentes:

I — em primeiro lugar, conjuntamente:

a) a esposa, ainda que desquitada, desde que beneficiária de alimentos, ou marido inválido;

b) filho inválido de qualquer condição ou sexo;

c) o filho, de qualquer condição, menor de 21 anos ou, quando aluno de estabelecimento de ensino superior, menor de 25 anos;

d) a filha solteira, de qualquer condição, até 25 anos de idade;

II — em segundo lugar, conjuntamente:

a) o pai inválido, ou a mãe viúva;

b) a mãe casada com inválido

c) a pessoa expressamente designada pelo segurado, mediante declaração escrita, alterável ou revogável a qualquer tempo.

Parágrafo único — Se, por ocasião do falecimento do segurado, existir alguma das pessoas enumeradas no inciso I, ficarão definitivamente excluídas as do inciso II.

Art. 9º A importância mensal da pensão será constituída:

I — se o segurado estiver aposentado, ao falecer:

a) de uma cota fixa, equivalente a 30% da aposentadoria que vinha percebendo;

b) de tantas cotas variáveis, equivalendo cada uma a 8% dessa aposentadoria, quantas forem as pessoas com direito a pensão, ao tempo da morte do segurado;

II — se o segurado não estiver aposentado, ao falecer; de uma cota única, nunca inferior a 70% da aposentadoria a que teria direito, na data do falecimento.

§ 1º A importância total da pensão será dividida igualmente entre os beneficiários devidamente habilitados, existentes ao tempo da morte. Não se adiando a sua concessão pela possível existência de outros beneficiários.

§ 2º No caso do inciso I, a cota fixa da pensão subsistirá enquanto existirem beneficiários com direito a pensão e as cotas variáveis, que não excederão de cinco, extinguir-se-ão à medida em que cada titular faleça ou perca o direito à pensão já concedida, salvo se houver mais de cinco beneficiários, hipótese em que só começarão a ser canceladas depois de ficarem os pensionistas reduzidos a esse número.

§ 3º No caso do inciso II, a pensão será calculada de acordo com a Tabela "Experiência Americana", à taxa de 6%, levando-se em conta a idade do beneficiário da pensão assim calculada serão havidos como cota fixa.

Art. 10 — Concedida a pensão, qualquer inscrição ou habilitação posterior que implique na exclusão ou inclusão de beneficiário, somente produzirá efeito a partir da data em que vier a ser deferida pelo Presidente do Instituto ou por decisão judicial transitada em julgado.

Art. 11 — Cessa a pensão:

I — por morte do beneficiário;

II — se casar ou passar a viver materialmente;

III — se atingir os limites de idade previstos no art. 8° ou se deixar de existir a invalidez, quando esta tenha sido causa para o deferimento do benefício.

Art. 12 — A concessão dos benefícios previstos nesta lei ficará sujeita:

I — ao prazo de carência de um ano, para a concessão da pensão ou aposentadoria por invalidez, e de cinco anos, para a aposentadoria por implemento de idade;

II — ao pagamento das contribuições devidas pelo segurado.

§ 1° Para os segurados inscritos na Seção de São Paulo da Ordem dos Advogados do Brasil, por transferência de outra Seção, exigir-se-á também a prova do exercício da profissão no Estado de São Paulo durante pelo menos dez anos.

§ 2° O recolhimento antecipado das contribuições não reduz o prazo de carência.

§ 3° Se o segurado se atrasar no pagamento das doze ou mais contribuições consecutivas, o prazo de carência recomeçará a correr por inteiro, a partir da satisfação do débito, sem prejuízo disposto nos §§ 4° e 5° do art. 17.

Art. 13 — O valor dos benefícios ficará condicionado às possibilidades financeiras da Carteira de Previdência dos Advogados do Estado de São Paulo. Devendo ser trienalmente fixado pelo Presidente do Instituto.

Art. 14 — Sempre que se alterar o salário mínimo na cidade de São Paulo, serão revistos os benefícios já concedidos.

§ 1° A atualização dos benefícios entrará em vigor na mesma data em que se der a alteração do salário mínimo.

§ 2° Se o fundo de reserva da Carteira de Previdência for insuficiente, o Presidente do Instituto, dentro do prazo máximo de trinta dias, representará os Poderes competentes, solicitando reajuste das fontes de receita previstas no art. 15 a fim de que os benefícios concedidos e a conceder possam ser pagos integralmente, segundo as bases estabelecidas nos arts. 6° e 9° desta lei.

Art. 15 — Prescreve:

I — em três anos, contados da morte do segurado, o direito de habilitar-se à pensão;

II — em um ano às prestações de aposentadoria ou de pensão.

CAPÍTULO III
Das Fontes da Receita

Art. 16 — A receita da Carteira de Previdência dos Advogados de São Paulo será constituída:

I — da contribuição mensal dos segurados correspondente a 8, 16 ou 24% do salário mínimo vigente na cidade de São Paulo. A escolha do interessado;

II — das custas contadas aos advogados e que sejam atribuídas à Carteira ora criada;

III — da taxa fixa de Cr$ 100,00 (cem cruzeiros), cobrada a titulo de custas, no preparo dos recursos judiciais e dos feitos processados perante o Tribunal de Justiça e o Tribunal de Alçada do Estado;

IV — da taxa fixa de Cr$ 100,00 (cem cruzeiros), cobrada a título de contribuição individual do autor ou requerente, na distribuição, em primeira instância, dos feitos cíveis de qualquer natureza e das ações penais provadas;

V — da taxa fixa de Cr$ 100,00 (cem cruzeiros) cobrada, a título de contribuição individual ou mandante sobre todo instrumento de mandato judicial oferecido ou produzido em juízo;

VI — da taxa fixa de Cr$ 100,00 (cem cruzeiros) cobrada sobre qualquer substabelecimento nas condições do inciso anterior;

VII — das doações e legados recebidos;

VIII — dos rendimentos patrimoniais da Carteira;

IX — das receitas eventuais;

X — dos demais recursos previstos em lei.

Parágrafo único — Se a taxa incidir, nos casos dos itens IV, V e VI, sobre beneficiário de justiça gratuita, só será paga por este se vencedor na causa, ficando a cargo do vencido apenas a taxa prevista no item III.

Art. 17 — A contribuição do segurado obrigatório será devida a partir do primeiro dia do mês seguinte aquele em que completar dois anos de inscrição principal na Ordem dos Advogados do Brasil, Seção de São Paulo, e a do **segundo** (estava escrito assim no DOU) facultativo desde o primeiro dia do mês em que tiver sido aceita sua inscrição.

§ 1º Ressalvado o disposto no parágrafo terceiro, cessa a obrigação de contribuir no mês seguinte aquele que o segurado tiver cancelada sua inscrição principal na Ordem dos Advogados do Brasil, Seção de São Paulo, ou, se for segurado facultativo, em que tiver sido aceito seu pedido de exclusão.

§ 2º Ao inscrever-se, o segurado poderá optar pelo pagamento da contribuição mínima, média ou máxima, prevalecendo, no seu silêncio, a contribuição mínima. Sempre que completar um período de doze contribuições, poderá fazer nova opção, na forma que o regulamento determinar.

§ 3º Concedida a aposentadoria o segurado poderá passará a pagar, em qualquer hipótese, a contribuição mínima.

§ 4º A contribuição deverá ser paga até o último dia do mês seguinte ao vencido, ficando sujeito o segurado, em caso de atraso, ao pagamento dos juros moratórios de até 17% ao mês.

§ 5º No caso de cobrança judicial do débito, será acrescida a multa de 20% sobre o total apurado.

§ 6º As contribuições serão automaticamente reajustadas sempre que o novo salário mínimo entre em vigor na cidade de São Paulo.

§ 7º Salvo no caso de erro de arrecadação, não haverá restituição de contribuição.

Art. 18 — Na forma que o regulamento determinar, compete à Secretaria da Fazenda do Estado arrecadar a receita prevista nos itens II, III, IV, V e VI do art. 16.

§ 1º Quando efetuado o preparo em segunda instância a taxa prevista no art. 16, item III, será arrecadada pelas Secretarias dos Tribunais de Justiça e de Alçada e recolhida diretamente à Carteira.

§ 2º A Secretaria da Fazenda entregará quinzenalmente à Carteira o que para esta houver arrecadado, acrescido de juros moratórios de 8% ao ano, no caso de atraso.

Art. 19 — As custas por lei atribuídas à Ordem dos Advogados do Brasil — Secção de São Paulo — pertencerão, em partes iguais, à Carteira de Previdência dos Advogados de São Paulo e à Caixa de Assistência dos Advogados de São Paulo, mantida pela mesma Secção da Ordem.

CAPÍTULO IV
Da Aplicação da Receita

Art. 20 — A receita da Carteira ora criada só poderá ser utilizada no pagamento dos benefícios previstos nesta lei e nas despesas de administração e material necessárias à consecução de seus fins, sendo nulo de pleno direito qualquer ato ou decisão que lhe dê utilização ou destino diverso.

Art. 21 — Haverá um fundo de reserva, não inferior a 10% (dez por cento) da receita anual da Carteira, fixado, em cada previsão orçamentária, pelo Presidente do Instituto e destinado à atualização dos benefícios concedidos por esta lei.

Art. 22 — Toda a receita auferida pela Carteira de Previdência será imediatamente entregue, como aplicação ao Instituto de Previdência do Estado de São Paulo, rendendo juros de 7% (sete por cento) ao ano.

CAPÍTULO V
Da Administração

Art. 23 — A Carteira de Previdência dos Advogados de São Paulo será administrada e representada juridicamente pelo Instituto de Previdência.

CAPÍTULO VI
Das Disposições Gerais e Transitórias

Art. 24 — O presidente do Instituto, dentro de dois anos da vigência desta lei e sempre que necessário, mandará proceder a estudos atuariais e representará aos Poderes competentes, solicitando reajuste das fontes de receita estabelecidas no art. 16, a fim de que possam ser pagos integralmente os benefícios, nas bases previstas pelos arts. 6º e 9º desta lei.

Art. 25 — Sem prejuízo de igual faculdade para a Ordem dos Advogados do Brasil — Secção São Paulo, a Carteira fiscalizará a arrecadação prevista nesta lei.

Art. 26 — Se a lei federal dispuser sobre a aposentadoria dos advogados, provisionados e solicitadores, o Presidente do Instituto representará aos Poderes estaduais competentes, para que tomem as providências legislativas cabíveis.

Art. 27 — Vetado.

§ 1º Vetado.

§ 2º Vetado.

Art. 28 — O Presidente do Instituto proporá ao Governo a criação de cargos que se fizerem necessários em razão dos serviços da Carteira.

Art. 29 — Esta Lei entrará em vigor sessenta dias após a sua regulamentação.

Art. 30 — Revogam-se as disposições em contrário.

Palácio do Governo do Estado de São Paulo, aos 7 de janeiro de 1959.

JÂNIO QUADROS

Paulo Marzagão

Publicada na Diretoria Geral da Secretaria de Estado de Negócios do Governo, aos 8 de janeiro de 1959.

LEI ESTADUAL N. 10.394/70

TÍTULO I
Disposições Preliminares

Art. 1º A Carreira de Previdência dos Advogados de São Paulo, sob a administração do Instituto de Previdência do Estado de São Paulo, é financeiramente autônoma com patrimônio próprio, passando a reger-se por esta lei.

Art. 2º São finalidades da Carteira:

I — proporcionar aposentadoria aos seus segurados;

II — conceder pensão aos dependentes dos segurados.

TÍTULO II
Dos Beneficiários
CAPÍTULO I
Dos beneficiários em geral

Art. 3º São beneficiários da Carteira:

I — o segurado para a percepção de proventos de aposentadoria;

II — os dependentes do segurado, para o recebimento de pensão.

CAPÍTULO II
Do Segurado

Art. 4º Poderá inscrever-se como segurado da Carteira o advogado, provisionando, solicitador ou estagiário que preencher os seguintes requisitos:

I — ter menos de 50 anos de idade;

II — ter inscrição principal na Ordem dos Advogados do Brasil, Seção de São Paulo;

III — ser domiciliado no Estado de São Paulo.

Art. 5º Será permitida a inscrição de contribuinte ou beneficiários de outra instituição previdenciária.

Art. 6º O segurado que, antes de aposentar-se, tiver sua inscrição cancelada na Ordem dos Advogados do Brasil ou se transferir do Estado de São Paulo poderá manter sua inscrição na Carteira desde que o requeira dentro de seis meses, respectivamente ao cancelamento ou da transferência, sujeitando-se, porém, ao pagamento em dobro da contribuição de que trata o art. 17, vedada a reinscrição prevista no art. 8º.

Art. 7º Será automaticamente excluído da Carteira o segurado que deixar de recolher seis contribuições, sem prejuízo de sua exigibilidade até a data da exclusão.

Art. 8º Ao segurado desligado voluntariamente ou excluído da Carteira fica ressalvado o direito de reinscrição, sujeitando-se a novos prazos de carência, desde que liquide seus débitos e recolha as contribuições exigíveis atualizadas com base em salários mínimos, a partir do desligamento ou da exclusão, até a reinscrição mais juros moratórios de 1% ao mês, calculados sobre o montante de cada prestação atualizada.

§ 1º A reinscrição somente é permitida ao segurado desligado voluntariamente ou excluído da Carteira há menos de cinco anos desde que não tenha completado 50 anos de idade e seja aprovado em exame médico procedido pelo Instituto de Previdência ou por junta médica especialmente designada.

§ 2º Contar-se-á ao segurado, para todos os efeitos, salvo quanto aos novos prazos de carência, o tempo decorrido desde o desligamento, ou exclusão, até a reinscrição.

CAPÍTULO III
Dos dependentes do segurado

Art. 9º São dependentes do segurado, com direito a pensão:

I — em primeiro lugar conjuntamente:

   a) a esposa, ainda que desquitada, desde que beneficiária de alimentos; o marido da segurada, desde que não desquitado;

   b) o filho inválido, de qualquer condição ou sexo, sem limite de idade;

   c) o filho solteiro, de qualquer condição, menor de 21 anos ou, quando aluno de estabelecimento de ensino superior, menor de 25 anos;

   d) a filha solteira, de qualquer condição, até 25 anos de idade;

   e) a companheira do segurado solteiro; viúvo ou desquitado, que, por ocasião de seu óbito, com ele ter convivido nos últimos cinco anos, dispensando-se esse requisito se da união houver filho;

II — em segundo lugar, conjuntamente:

   a) o pai inválido ou a mãe viúva;

   b) a mãe casada com inválido;

Parágrafo único — Se, por ocasião do falecimento do segurado, existir qualquer dos dependentes enumerados no inciso I, ficarão definitivamente excluídos os do inciso II.

Art. 10 — Para efeito de concessão de pensão, verifica-se a condição de dependente, na ocasião da morte do segurado.

CAPÍTULO IV
Da Inscrição dos beneficiários

Art. 11 — Completa-se a inscrição de segurado mediante requerimento dirigido ao Diretor da Carteira, em formulário próprio, do qual constarão os seguintes dados:

I — nome;

II — data de nascimento;

III — filiação;

IV — naturalidade;

V — estado civil;

VI — número e data da inscrição principal na Ordem dos Advogados do Brasil, Seção de São Paulo;

VII — endereço e telefone;

VIII — no caso de transferência de outra Seção da Ordem dos Advogados do Brasil para a de São Paulo, a data em que a transferência ocorreu;

IX — qualificação dos dependentes previstos no art. 9º, com menção do seu nome por extenso, parentesco, ou relação com o segurado, data de nascimento, filiação, naturalidade, estado civil e endereço.

Parágrafo único — O requerimento será instruído com os seguintes documentos:

1. fotocópia ou xerocópia, autenticada, da carteira de identidade expedida pela Ordem dos Advogados do Brasil, Seção de São Paulo, contendo os elementos de qualificação e a identidade do requerente;

2. certidão de for o caso, da data de sua transferência de outra Seção da Ordem dos Advogados do Brasil para a de São Paulo;

3. laudo médico do Instituto de Previdência ou de junta por ele designada que comprove não estar inválido para o exercício da profissão.

Art. 12 — O segurado deverá fazer comunicação à Carteira das alterações que importarem em inclusão ou exclusão de dependente, salvo as decorrentes de idade.

TÍTULO III
Dos benefícios
CAPÍTULO I
Dos benefícios em geral

Art. 13 — Os benefícios concedidos por esta lei serão reajustados, na mesma proporção, sempre que se alterar o salário mínimo na Capital do Estado.

Parágrafo único — Vigorará o reajuste a partir do primeiro dia do mês seguinte aquele em que ocorrer a alteração.

Art. 14 — Os benefícios serão calculados em salários mínimos, para que sejam reajustados automaticamente, na forma do que dispõe o artigo anterior.

Parágrafo único — O cálculo será feito até centésimos de salário mínimo, arredondando-se para mais a fração igual ou superior a cinco milésimos e desprezando-se a inferior.

Art. 15 — Os benefícios concedidos por esta lei não são passíveis de penhora ou arresto, nem estão sujeitos a inventário e partilha judiciais, considerando-se nula toda alienação de que sejam objeto ou a Constituição de ônus sobre eles, bem como a outorga de poderes irrevogáveis ou em causa própria para a sua percepção.

Parágrafo único — Excetuam-se proibição deste artigo os descontos correspondentes a quantias devidas à própria Carteira.

Art. 16 — Os benefícios decorrentes desta lei podem se acumulados entre si e com quaisquer outros.

Art. 17 — O pagamento em dobro da contribuição do segurado a que se refere o art. 6º não altera o montante dos benefícios.

CAPÍTULO II
Da carência e da caducidade

Art. 18 — São os seguintes os períodos de carência para a concessão dos benefícios de que trata esta lei:

I — um ano de inscrição na Carteira, para a aposentadoria por invalidez;

II — três anos de inscrição na Carteira, para os demais casos de aposentadoria ou de pensão.

§ 1º Para os segurados inscritos na Seção de São Paulo da Ordem dos Advogados do Brasil, por transferência de outra Seção, os prazos estabelecidos nos incisos I e II são elevados para três e dez anos, respectivamente.

§ 2º No caso de reinscrição na Carteira, o segurado ficará sujeito a novo período de carência, mesmo que já tenha cumprido integralmente o anterior.

Art. 19 — A antecipação ou o atraso no pagamento das mensalidades não reduz nem prorroga o período de carência.

Art. 20 — Caducará em três anos, contados da morte do segurado, o direito de habilitar-se à pensão e, em um ano, contado do primeiro dia do mês seguinte ao vencido, o direito às prestações de aposentadoria ou de pensão, já concedidas.

CAPÍTULO III
Da aposentadoria

Art. 21 — O segurado poderá aposentar-se, após o decurso de prazo de carência, desde que satisfeita uma das seguintes condições:

I — idade mínima de sessenta e cinco anos;

I — trinta e cinco anos, pelo menos, de inscrição ininterrupta na Ordem dos Advogados do Brasil, Seção de São Paulo;

III — invalidez para o exercício da profissão.

§ 1º Para o cômputo do prazo estipulado no inciso II, contar-se-á unicamente o tempo de inscrição definitiva.

§ 2º Para o segurado que, nos termos do art. 6º, mantiver sua inscrição na Carteira, o requisito do inciso II considerar-se-á preenchido quando se completarem trinta e cinco anos da data de sua inscrição definitiva na Ordem dos Advogados, ainda que cancelada e o do inciso III se for considerado inválido.

Art. 22 — Considera-se invalidez qualquer lesão do órgão ou perturbação de função que reduza de mais de 2/3, por prazo superior a um ano, a capacidade do segurado para o exercício da profissão, comprovada em laudo elaborado por três médicos do Instituto de Previdência, ou por este indicados.

§ 1º O aposentado por invalidez deverá, de dois em dois anos ou quando lhe for exigido, submeter-se a exame médico.

§ 2º A recusa ou falta ao exame médico acarretará a suspensão do pagamento dos proventos até o cumprimento da exigência.

Art. 23 — O provento mensal da aposentadoria consistirá na soma das seguintes parcelas:

I — uma parte fixa equivalente:

a) ao salário mínimo vigente na cidade de São Paulo, ao tempo da aposentadoria, se o segurado, nessa ocasião, contar até dez anos completos de contribuição à Carteira;

b) a um e meio salário mínimo, se contar mais de dez anos completos de contribuição à Carteira;

II — uma parte variável, correspondente:

a) a 8% do salário mínimo vigente na cidade de São Paulo, por ano completo de contribuição efetuada na base de 8% de seu valor;

b) a 15% do salário mínimo vigente na cidade de São Paulo, por ano completo de contribuição à base de 16% de seu valor;

c) a 22% do salário mínimo vigente na cidade de São Paulo, por ano completo de contribuição à base de 24% de seu valor;

d) a 29% do salário mínimo vigente na cidade de São Paulo, por ano completo de contribuição à base de 32% de seu valor;

§ 1º O atraso de até seis contribuições devidas pelo segurado não altera o cálculo a que se refere este artigo.

§ 2º O valor do provento de aposentadoria não poderá exceder a 10 salários mínimos mensais.

Art. 24 — Os proventos mensais de aposentadoria por implemento de idade e por tempo de inscrição na Ordem dos Advogados do Brasil, Seção de são Paulo, são devidos a partir da data da publicação do ato concessório no "Diário Oficial do Estado" e a partir da data do laudo médico, quando concedido por invalidez, até o dia anterior em que ocorrer o óbito do aposentado.

Art. 25 — O segurado aposentado, salvo se por motivo de invalidez poderá advogar.

Art. 26 — Cessa o direito à percepção do provento de aposentadoria:

I — por morte do segurado;

II — desaparecendo a invalidez, salvo se o segurado já tiver atingido 65 anos de idade ou se contar mais de 35 anos de inscrição definitiva na Ordem dos Advogados do Brasil, Seção de São Paulo.

CAPÍTULO IV
Da pensão

Art. 27 — Por morte do segurado, em atividade ou aposentado, terão direito à pensão as pessoas que preencherem, na data em que houver ocorrido o óbito, as condições estabelecidas nos arts. 9º e 10.

Art. 28 — A importância mensal de pensão será equivalente a 75% do provento de aposentadoria que o segurado vinha percebendo, ou daquela a que teria direito à data de seu falecimento.

§ 1º Havendo cônjuge com direito à pensão, metade desta lhe será atribuída e a outra metade caberá, em partes iguais, aos demais beneficiários.

§ 2º Não havendo cônjuge com direito à pensão, a importância total desta será dividida, em partes iguais, entre os beneficiários.

§ 3º Cessando o direito à percepção da quota de pensão de qualquer dos beneficiários, a metade reverterá ao cônjuge supérstite ou será rateada proporcionalmente entre os beneficiários remanescentes, revertendo a outra metade à Carteira.

§ 4º Cessando o direito à percepção da quota de pensão do cônjuge, metade será rateada entre os beneficiários remanescentes e a outra metade reverterá à Caixa.

Art. 29 — A pensão mensal é devida a partir da data do óbito do segurando, aposentado ou não.

Art. 30 — Cessa o direito à percepção da quota de pensão:

I — em qualquer caso, pelo falecimento do pensionista, pelo seu casamento ou se passar a viver maritalmente;

II — pelo implemento da idade;

III — pela renúncia a qualquer tempo;

IV — pelo abandono ou término dos estudos em estabelecimento de ensino superior;

V — pela cessação da invalidez, a menos que por outro motivo seja devida a pensão;

VI — na hipótese do art. 39 e seu parágrafo único.

§ 1º Cessando o direito à percepção da quota, esta não poderá ser restabelecida por fato posterior à data da cessação;

§ 2º A quota de que trata este artigo será rateada na forma prevista nos §§ 3º e 4º do art. 28, revertendo a metade à Carteira.

CAPÍTULO V
Do pagamento dos benefícios

Art. 31 — Os benefícios previstos nesta lei serão concedidos mesmo que o pagamento das contribuições do segurado, até o máximo de seis, ainda não tenha sido efetuado, retendo a Carteira as quantias necessárias à integral satisfação do débito em salários mínimos de valor atualizado, com os acréscimos previstos no art. 44.

Art. 32 — O requerimento de aposentadoria será feito ao Diretor da Carteira e instruído com a atualização dos dados pessoais do segurado e dos seus dependentes, bem como com a prova de preenchimento da condição exigida, dispensados os reconhecimentos de firma tanto na petição como no documento.

Parágrafo único — O requerente especificará a agência da Caixa Econômica do Estado de São Paulo ou a coletoria estadual, se aquela não existir na localidade, em que deverá receber o pagamento do benefício.

Art. 33 — O pagamento da pensão será requerido, em petição conjunta ou separada dos beneficiários ao Diretor da Carteira, devendo o pedido ser acompanhado inicialmente de:

I — certidão de óbito do segurado;

II — certidão de casamento do segurado, com todas as averbações, extraída posteriormente ao seu óbito;

III — certidão atualizada, com todas as averbações, do nascimento dos dependentes, excluída a do cônjuge;

IV — conforme o caso, dos documentos previstos no art. 35, parágrafo único, inclusive sentença de desquite do segurado, acórdão que a confirmou ou reformou e certidão de seu trânsito em julgado.

Parágrafo único — Aplica-se o artigo anterior, quanto a reconhecimento de firma na petição e nos documentos e quando ao lugar e forma de pagamento da quota da pensão.

Art. 34 — Os benefícios requeridos deverão ser pagos, quanto às prestações iniciais, dentro do prazo de sessenta dias da data em que forem completados os requisitos para a sua concessão e, com relação as subsequentes, nos trinta dias seguintes ao vencimento do mês a que corresponderem.

Art. 35 — Ressalvada a hipótese de impugnação, o pagamento da quota de pensão será devido aos dependentes cujos nomes constam da declaração do segurado, excluindo-se os que hajam completado o limite de idade estabelecido em qualquer das hipóteses do art. 9º.

Parágrafo único — Exigir-se-á para a concessão da pensão:

1. a inválido: prova de invalidez para o seu trabalho, verificada de acordo com o disposto no art. 22.

2. a pessoa em idade núbil: atestado de estado civil, passado por escrivão de registro civil ou por autoridade judiciária ou policial;

3. a estudante do estabelecimento de ensino superior: declaração de que o vem frequentando regularmente, assinada pelo diretor do estabelecimento;

4. à companheira: atestado, passado por escrivão do registro civil, por autoridade judiciária ou policial, ou por dois conselheiros ou diretores da Ordem dos Advogados do Brasil, Seção de São Paulo, do Instituto dos Advogados de São Paulo ou da Associação dos Advogados de São Paulo, de que:

a) conviveu com o segurado até a data do seu falecimento;

b) essa convivência perdurou por mais de cinco anos, ou, embora tenha se prolongado por tempo inferior a um quinquênio, dela resultou filho.

Art. 36 — O não cumprimento da exigência feita a pretendente à pensão não obsta o pagamento dos demais, ficando em poder da Carteira a quota do retardatário, até o prazo máximo de seis meses do óbito do segurado, findo o qual a importância retida e as subsequentes serão rateadas entre os pensionistas devidamente habilitados na forma prevista no art. 28.

Parágrafo único — O interessado excluído poderá habilitar-se enquanto não caducar o seu direito, fazendo-se a correspondente redistribuição das quotas de pensão a partir da data em que tiver sido deferida sua habilitação.

Art. 37 — Concedida a pensão, qualquer impugnação, inscrição ou habilitação posterior que implique na exclusão ou inclusão de beneficiário, produzirá efeito a partir do primeiro dia do mês seguinte ao deferimento da pretensão pelo Diretor da Carteira ou por decisão judicial transitada em julgado.

Parágrafo único — Da decisão do Diretor da Carteira caberá recurso, sem efeito suspensivo, para o Presidente do Instituto no prazo de quinze dias da ciência.

Art. 38 — Os benefícios serão pagos ao segurado ou ao pensionista e, se qualquer deles for absoluta ou relativamente incapaz, a quem por lei o represente ou assista admitindo-se porém, que um beneficiário seja procurador dos demais na mesma pensão.

§ 1º É vedada a outorga de procuração para percepção dos benefícios instituído por esta lei, salvo o disposto no *caput* deste artigo e no caso de beneficiário ausente portador de moléstia contagiosa ou impossibilitado de locomover-se, comprovado o fato por atestado do escrivão do registro civil ou de autoridade judiciária ou policial.

§ 2º A impressão digital de beneficiário incapaz de assinar terá o valor de assinatura para efeito de quitação do recebimento, desde que aposta em presença de servidor da Carteira.

§ 3º Para os beneficiários que não receberem pessoalmente, exigir-se-á, uma vez por ano, atestado de vida, passado por escrivão do registro civil ou por autoridade judiciária ou policial.

§ 4º Uma vez por ano, o pensionista em idade núbil apresentará atestado de seu estado civil e, quando for o caso, de estar cursando estabelecimento de ensino superior.

§ 5º O inválido deverá submeter-se a reinspeções periódicas, de dois em dois anos, ou sempre que lhe for exigido.

Art. 39 — O não atendimento de qualquer das exigências prescritas no artigo anterior acarretará, até que seja cumprida, a suspensão do pagamento da quota de pensão correspondente.

Parágrafo único — Se a exigência não for cumprida por mais de seis meses, cessará automaticamente a respectiva quota de pensão e metade das importâncias devidas será distribuída aos demais pensionistas na forma prevista no art. 28, revertendo a outra metade à Carteira.

TÍTULO IV
Das fontes de receita
CAPÍTULO I
Das fontes de receita em geral

Art. 40 — A receita da Carteira é constituída:

I — da contribuição mensal do segurado;

II — da contribuição mensal do aposentado;

III — da contribuição a cargo do outorgante de mandato judicial;

IV — das custas que a lei atribui à Carteira;

V — das doações e legados recebidos;

VI — dos rendimentos patrimoniais e financeiros da Carteira.

CAPÍTULO II
Da contribuição do segurado

Art. 41 — A contribuição mensal do segurado corresponderá a 8%, 16% ou 24% do salário mínimo vigente na Capital do Estado, à sua escolha.

§ 1º Ao inscrever-se na Carteira, o segurado poderá optar pelo pagamento da contribuição mínima, média ou máxima prevalecendo, no seu silêncio, a contribuição mínima e, quando completar dez anos de inscrição na Carteira, poderá optar por uma contribuição mensal correspondente a 32% do salário mínimo vigente na Capital do estado, sem prejuízo do disposto no § 2º.

§ 2º Sempre que completar um período de doze contribuições, o segurado poderá fazer nova opção.

§ 3º O segurado a que se refere o art. 6º pagará em dobro sua contribuição.

§ 4º O segurado aposentado terá sua contribuição reduzida a 5% sobre o provento da aposentadoria, ou 10%, na hipótese do art. 6º.

Art. 42 — A contribuição do segurado, ou qualquer modificação no seu montante, são devidas a partir de primeiro dia do mês seguinte aquele em que tiver sido requerida sua inscrição, ou reinscrição, ou em que tiver sido alterado o salário mínimo na Capital do Estado.

Art. 43 — A contribuição do segurado deverá ser paga até o último dia do mês ao vencido, na Tesouraria do Instituto de Previdência do Estado ou em estabelecimento autorizado de crédito, nesta última hipótese de acordo com normas fixadas pelo Presidente do Instituto de Previdência.

Art. 44 — A contribuição paga fora de prazo estará sujeita a atualização de acordo com o salário mínimo vigente à data do pagamento, com juros moratórios de 1% ao mês sobre cada prestação atualizada, além da multa de 10% ou 20%, conforme se trate de pagamento amigável ou judicial, sobre o principal atualizado.

Art. 45 — Salvo caso de erro, não haverá restituição de contribuição do segurado.

Art. 46 — A obrigação de contribuir cessa no primeiro dia do mês seguinte aquele em que ocorrer:

I — a morte do segurado;

II — o cancelamento de sua inscrição na Ordem dos Advogados do Brasil, Seção de São Paulo;

III — sua transferência do Estado de São Paulo;

IV — a apresentação do seu pedido de desligamento ou, na hipótese do art. 7º, a sua exclusão automática.

Art. 47 — Cessando a invalidez do segurado, se por outro motivo não tiver direito à aposentadoria pagará, a partir do primeiro dia do mês seguinte a apuração do fato a contribuição de 8%, se não optar por outra sobre o salário mínimo vigente na Capital.

Parágrafo único — No cálculo dos novos benefícios, exceto para a pensão, não será levado em conta o período em que o segurado esteve aposentado por invalidez.

CAPÍTULO III
Das outras fontes de receita

Art. 48 — Para o instrumento de mandato judicial ser anexado ao processo, deverá ser paga uma contribuição, por mandante, de 1,5% sobre o salário mínimo vigente na Capital do Estado, arredondando-se para mais a fração de cruzeiro.

§ 1º Para os efeitos desde artigo, considera-se o casal um só mandante.

§ 2º Pela juntada de substabelecimento será paga a contribuição fixa de 1,5% sobre o salário mínimo vigente na Capital, qualquer seja o número de mandados substabelecidos, observado o arredondamento previsto no *caput* deste artigo.

§ 3º Alterado o salário mínimo em vigor na Capital do Estado, modificar-se-á também, no primeiro dia do mês seguinte à alteração, a contribuição prevista neste artigo.

Art. 49 — O beneficiário de justiça gratuita está dispensado do pagamento a que se refere o artigo anterior, mas, vencedor na causa, a contribuição será cobrada ao vencido na proporção em que for, devendo ser incluída, pelo contador, na conta de liquidação.

Art. 50 — O servidor da Justiça que desatender ao disposto nos arts. 48 e 49 será responsável pelo pagamento da contribuição não arrecadada e sujeito à multa do triplo do total, cobrável executivamente.

Art. 51 — A contribuição fixada no art. 48 será arrecadada por intermédio da Secretaria da Fazenda, na forma estabelecida por ato do Secretário ou de quem este designar, ouvida previamente a Corregedoria Geral da Justiça.

Art. 52 — As custas da Carteira são as que lhe destina o Decreto-Lei n. 203, de 25 de março de 1970, em seu art. 18, inciso II, que passa a ter a seguinte redação:

"II — do total atribuído ao Estado, 5% pertencerão à Ordem dos Advogados do Brasil — Seção de São Paulo, para entrega à Caixa de Assistência dos Advogados de São Paulo e 15% à Carteira de Previdência dos Advogados de São Paulo como contribuição constituindo custas do Estado os restantes 80%".

Art. 53 — O chefe do serviço atuarial do Instituto de Previdência do Estado representará ao Presidente dessa autarquia sempre que, em decorrência de estudos atuariais ficar demonstrada a necessidade de reajuste das fontes de receita da Carteira para que possam ser pagos integralmente os benefícios, nas bases previstas nesta lei.

Art. 54 — O Presidente do Instituto, verificada a insuficiência dos fundos de reserva da Carteira representará ao Secretário de Estado a que a autarquia estiver vinculada no prazo improrrogável de 30 (trinta) dias, contados do recebimento da manifestação do chefe do serviço atuarial, solicitando a alteração das fontes de receita.

TÍTULO V
Da Administração e da aplicação da receita
CAPÍTULO I
Da administração

Art. 55 — A Carteira de Previdência dos Advogados de São Paulo é representada jurídica e extrajudicialmente, pelo Instituto de Previdência do Estado de São Paulo.

Parágrafo único — Pelos atos que o Instituto de Previdência praticar de acordo com esta lei, responderá exclusivamente o patrimônio da Carteira.

Art. 56 — A Carteira terá um Conselho, constituído por três membros e respectivos suplentes, como representantes da Ordem dos Advogados do Brasil, Seção de São Paulo, Instituto dos Advogados de São Paulo e Associação dos Advogados de São Paulo, nomeado pelo Governador mediante indicação, em listas tríplices pelas referidas entidades, com mandato trienal gratuito, vedada a recondução como titular por mais de uma vez.

Parágrafo único — As atribuições do Conselho serão estabelecidas em decreto.

CAPÍTULO II
Da aplicação da receita

Art. 57 — A Carteira de Previdência dos Advogados de São Paulo adotará o regime financeiro atuarial de repartição com fundo de garantia.

Art. 58 — A receita da Carteira somente poderá ser utilizada no pagamento dos benefícios previstos por esta lei, nas despesas de administração e material e nas aplicações previstas no art. 60.

Parágrafo único — É nulo de pleno direito qualquer ato ou decisão que dê à receita utilização em desacordo com o disposto neste artigo.

Art. 59 — Haverá um Fundo de Reserva não inferior a dez por cento da receita anual da Carteira fixado em cada previsão orçamentária e destinado à cobertura eventual de *deficits* orçamentários e à atualização dos benefícios concedidos.

Art. 60 — As reservas da Carteira já constituídas e o excesso mensal da receita sobre a despesa serão aplicados com observância do disposto no § 1º do art. 5º do Decreto-lei Complementar n. 18, de 17 de abril de 1970.

Parágrafo único — A Carteira manterá disponibilidade suficiente para atender as despesas decorrentes de encargos assumidos.

Art. 61 — A receita da Carteira será depositada mensalmente, em conta independente em seu nome no Banco do Estado de São Paulo, pelo Instituto de Previdência e pela Secretaria da Fazenda.

TÍTULO VI
Disposições Gerais

Art. 62 — Poderão ser majorados por decreto os benefícios concedidos por esta lei se as disponibilidades da Carteira o permitirem.

Art. 63 — Salvo disposição em contrário, os direitos e obrigações fixados nesta lei serão exigíveis a partir do primeiro dia do mês seguinte ao ato ou fato que lhes tiver dado origem.

Art. 64 — Em qualquer cálculo decorrente da aplicação desta lei, será arredondada para mais a fração igual ou superior a Cr$ 0,50 e desprezada a inferior.

Art. 65 — A estrutura e o quadro de pessoal da Carteira serão fixados por decreto.

Art. 66 — Esta lei entrará em vigor a 1º de janeiro de 1971 ficando revogados a Lei n. 5.174, de 7 de janeiro de 1959, e o Decreto-lei de 22 de dezembro de 1969, que alterou o art. 7º desse diploma legislativo.

Disposições Transitórias

Art. 1º Os proventos de aposentadoria e as pensões e quotas de pensão concedidos antes da vigência desta lei serão revistos, passando a ser de valor igual aos nela estabelecidos.

Parágrafo único — Os benefícios revistos serão devidos a partir da data da vigência desta lei e expressos em salários mínimos.

Art. 2º As pensões decorrentes de falecimento do segurado, aposentado ou não, ocorridas antes da vigência desta lei, serão recalculadas de acordo com o artigo anterior, observando-se a porcentagem estabelecida no caput do art. 28 e os critérios de distribuição fixados nos seus parágrafos.

§ 1º A lei do tempo em que ocorreu o óbito continuará a reger o direto à pensão e seus beneficiários.

§ 2º O valor das pensões já concedidas não poderá ser reduzido pela aplicação do disposto neste artigo, exceto por absorção nos reajustes futuros.

Art. 3º São excluídos da Carteira os segurados que, na data da publicação desta lei tenham deixado de recolher doze ou mais prestações, ficando cancelados os seus débitos, ainda que ajuizados.

Art. 4º Conceder-se-á como inscrição originária e não como reinscrição a readmissão de segurado excluído antes da vigência desta lei ou por força do disposto no artigo anterior, não se computando para efeito algum o tempo anterior de inscrição.

Art. 5º Até 30 de junho de 1971, poderá requerer inscrição na Carteira o advogado, solicitador, provisionado ou estagiário que contar mais de 50 anos de idade, desde que:

I — seja domiciliado no Estado de São Paulo;

II — tenha pelo menos dez anos de inscrição principal na Ordem do Advogados do Brasil, Seção de São Paulo; e

III — atenda a uma das seguintes condições:

a) ter pago menos 24 contribuições à Carteira, antes da promulgação desta lei;

b) ter sido sócio efetivo, de 1967 a 1969, da Associação dos Advogados de São Paulo ou de outra associação de advogados militares idônea, a juízo do Diretor da Carteira;

c) ter desempenhado mandato por uma ano, pelo menos, entre 1967 e 1969, como conselheiro ou diretor da Ordem dos Advogados do Brasil, Seção de São Paulo, do Instituto dos Advogados de São Paulo ou da Associação dos Advogados de São Paulo;

d) ter sido procurador ou advogado, de 1967 a 1969, da União, do Estado, de município ou de entidade autárquica;

e) ter funcionado, de 1967 a 1969, pelo menos 15 feitos em andamento, perante o juízo cível, criminal ou trabalhista.

Parágrafo único — Somente depois de aprovado em exame médico, poderá o interessado solicitar inscrição na Carteira.

Palácio dos Bandeirantes, 16 de dezembro de 1970.

Roberto Costa de Abreu Sodré

Hely Lopes Meirelles,
Secretário da Justiça

Virgílio Lopes da Silva, Secretário do Trabalho e Administração

Publicada na Assessoria Técnico-Legislativa, aos 16 de dezembro de 1970

Nelson Petersen da Costa, Diretor Administrativo — Substituto

LEI FEDERAL N. 6.024/74

O Presidente da República, faço saber que o Congresso Nacional decreta e eu sanciono a seguinte Lei:

CAPÍTULO I
Disposição Preliminar

Art. 1º As instituições financeiras privadas e as públicas não federais, assim como as cooperativas de crédito, estão sujeitas, nos termos desta Lei, à intervenção ou à liquidação extrajudicial, em ambos os casos efetuada e decretada pelo Banco Central do Brasil, sem prejuízo do disposto nos arts. 137 e 138 do Decreto-lei n. 2.627, de 26 de setembro de 1940, ou à falência, nos termos da legislação vigente.

CAPÍTULO II
Da Intervenção e seu Processo
SEÇÃO I
Da Intervenção

Art. 2º Far-se-á a intervenção quando se verificarem as seguintes anormalidades nos negócios sociais da instituição:

I — a entidade sofrer prejuízo, decorrente da má administração, que sujeite a riscos os seus credores;

II — forem verificadas reiteradas infrações a dispositivos da legislação bancária não regularizadas após as determinações do Banco Central do Brasil, no uso das suas atribuições de fiscalização;

III — na hipótese de ocorrer qualquer dos fatos mencionados nos arts. 1º e 2º, do Decreto-Lei n. 7.661, de 21 de junho de 1945 (lei de falências), houver possibilidade de evitar-se, a liquidação extrajudicial.

Art. 3º A intervenção será decretada *ex officio* pelo Banco Central do Brasil, ou por solicitação dos administradores da instituição — se o respectivo estatuto lhes conferir esta competência — com indicação das causas do pedido, sem prejuízo da responsabilidade civil e criminal em que incorrerem os mesmos administradores, pela indicação falsa ou dolosa.

Art. 4º O período da intervenção não excederá a seis (6) meses o qual, por decisão do Banco Central do Brasil, poderá ser prorrogado uma única vez, até o máximo de outros seis (6) meses.

Art. 5º A intervenção será executada por interventor nomeado pelo Banco Central do Brasil, com planos poderes de gestão.

Parágrafo único — Dependerão de prévia e expressa autorização do Banco Central do Brasil os atos do interventor que impliquem em disposição ou oneração do patrimônio da sociedade, admissão e demissão de pessoal.

Art. 6º A intervenção produzirá, desde sua decretação, os seguintes efeitos:

a) suspensão da exigibilidade das obrigações vencidas;

b) suspensão da fluência do prazo das obrigações vincendas anteriormente contraídas;

c) inexigibilidade dos depósitos já existentes à data de sua decretação.

Art. 7º A intervenção cessará:

a) se os interessados, apresentando as necessárias condições de garantia, julgadas a critério do Banco Central do Brasil, tomarem a si o prosseguimento das atividades econômicas da empresa;

b) quando, a critério do Banco Central do Brasil, a situação da entidade se houver normalizado;

c) se decretada a liquidação extrajudicial, ou a falência da entidade.

SEÇÃO II
Do Processo da Intervenção

Art. 8º Independentemente da publicação do ato de sua nomeação, o interventor será investido, de imediato, em suas funções, mediante termo de posse lavrado no "Diário" da entidade, ou, na falta deste, no livro que o substituir, com a transcrição do ato que houver decretado a medida e que o tenha nomeado.

Art. 9º Ao assumir suas funções, o interventor:

a) arrecadará, mediante termo, todos os livros da entidade e os documentos de interesse da administração;

b) levantará o balanço geral e o inventário de todos os livros, documentos, dinheiro e demais bens da entidade, ainda que em poder de terceiros, a qualquer título.

Parágrafo único — O termo de arrecadação, o balanço geral e o inventário, deverão ser assinados também pelos administradores em exercício no dia anterior ao da posse do interventor, os quais poderão apresentar, em separado, as declarações e observações que julgarem a bem dos seus interesses.

Art. 10. Os ex-administradores da entidade deverão entregar ao interventor, dentro em cinco dias, contados da posse deste, declaração, assinada em conjunto por todos eles, de que conste a indicação:

a) do nome, nacionalidade, estado civil e endereço dos administradores e membros do Conselho Fiscal que estiverem em exercício nos últimos 12 meses anteriores à decretação da medida;

b) dos mandatos que, porventura, tenham outorgado em nome da instituição, indicando o seu objeto, nome e endereço do mandatário;

c) dos bens imóveis, assim como dos móveis, que não se encontrem no estabelecimento;

d) da participação que, porventura, cada administrador ou membro do Conselho Fiscal tenha em outras sociedades, com a respectiva indicação.

Art. 11. O interventor, dentro em sessenta dias, contados de sua posse, prorrogável se necessário, apresentará ao Banco Central do Brasil relatório, que conterá:

a) exame da escrituração, da aplicação dos fundos e disponibilidades, e da situação econômico-financeira da instituição;

b) indicação, devidamente comprovada, dos atos e omissões danosos que eventualmente tenha verificado;

c) proposta justificada da adoção das providências que lhe pareçam convenientes à instituição.

Parágrafo único — As disposições deste artigo não impedem que o interventor, antes da apresentação do relatório, proponha ao Banco Central do Brasil a adoção de qualquer providência que lhe pareça necessária e urgente.

Art. 12. À vista do relatório ou da proposta do interventor, o Banco Central do Brasil poderá:

a) determinar a cessação da intervenção, hipótese em que o interventor será autorizado a promover os atos que, nesse sentido, se tornarem necessários;

b) manter a instituição sob intervenção, até serem eliminadas as irregularidades que a motivaram, observado o disposto no art. 4º;

c) decretar a liquidação extrajudicial da entidade;

d) autorizar o interventor a requerer a falência da entidade, quando o seu ativo não for suficiente para cobrir sequer metade do valor dos créditos quirografários, ou quando julgada inconveniente a liquidação extrajudicial, ou quando a complexidade dos negócios da instituição ou, a gravidade dos fatos apurados aconselharem a medida.

Art. 13. Das decisões do interventor caberá recurso, sem efeito suspensivo, dentro em dez dias da respectiva ciência, para o Banco Central do Brasil, em única instância.

§ 1º Findo o prazo sem a interposição de recurso, a decisão assumirá caráter definitivo.

§ 2º O recurso será entregue, mediante protocolo, ao interventor que o informará e o encaminhará dentro em cinco dias, ao Banco Central do Brasil.

Art. 14. O interventor prestará contas ao Banco Central do Brasil, independentemente de qualquer exigência, no momento em que deixar suas funções, ou a qualquer tempo, quando solicitado, e responderá, civil e criminalmente, por seus atos.

CAPÍTULO III
Da Liquidação Extrajudicial
SEÇÃO I
Da Aplicação e dos Efeitos da Medida

Art. 15. Decretar-se-á a liquidação extrajudicial da instituição financeira:

I — *ex officio*:

a) em razão de ocorrências que comprometam sua situação econômica ou financeira especialmente quando deixar de satisfazer, com pontualidade, seus compromissos ou quando se caracterizar qualquer dos motivos que autorizem a declararão de falência;

b) quando a administração violar gravemente as normas legais e estatutárias que disciplinam a atividade da instituição bem como as determinações do Conselho Monetário Nacional ou do Banco Central do Brasil, no uso de suas atribuições legais;

c) quando a instituição sofrer prejuízo que sujeite a risco anormal seus credores quirografários;

d) quando, cassada a autorização para funcionar, a instituição não iniciar, nos 90 (noventa) dias seguintes, sua liquidação ordinária, ou quando, iniciada esta, verificar o Banco Central do Brasil que a morosidade de sua administração pode acarretar prejuízos para os credores;

II — a requerimento dos administradores da instituição — se o respectivo estatuto social lhes conferir esta competência — ou por proposta do interventor, expostos circunstanciadamente os motivos justificadores da medida.

§ 1º O Banco Central do Brasil decidirá sobre a gravidade dos fatos determinantes da liquidação extrajudicial, considerando as repercussões deste sobre os interesses dos mercados financeiro e de capitais, e, poderá, em lugar da liquidação, efetuar a intervenção, se julgar esta medida suficiente para a normalização dos negócios da instituição e preservação daqueles interesses.

§ 2º O ato do Banco Central do Brasil, que decretar a liquidação extrajudicial, indicará a data em que se tenha caracterizado o estado que a determinou, fixando o termo legal da liquidação que não poderá ser superior a 60 (sessenta) dias contados do primeiro protesto por falta de pagamento ou, na falta deste do ato que haja decretado a intervenção ou a liquidação.

Art. 16. A liquidação extrajudicial será executada por liquidante nomeado pelo Banco Central do Brasil, com amplos poderes de administração e liquidação, especialmente os de verificação e classificação dos créditos, podendo nomear e demitir funcionários, fixando-lhes os vencimentos, outorgar e cassar mandatos, propor ações e representar a massa em Juízo ou fora dele.

§ 1º Com prévia e expressa autorização do Banco Central do Brasil, poderá o liquidante, em benefício da massa, ultimar os negócios pendentes e, a qualquer tempo, onerar ou alienar seus bens, neste último caso através de licitações.

§ 2º Os honorários do liquidante, a serem pagos por conta da liquidanda, serão fixados pelo Banco Central do Brasil.

Art. 17. Em todos os atos documentos e publicações de interesse da liquidação, será usada obrigatoriamente, a expressão "Em liquidação extrajudicial", em seguida à denominação da entidade.

Art. 18. A decretação da liquidação extrajudicial produzirá, de imediato, os seguintes efeitos:

a) suspensão das ações e execuções iniciadas sobre direitos e interesses relativos ao acervo da entidade liquidanda, não podendo ser intentadas quaisquer outras, enquanto durar a liquidação;

b) vencimento antecipado das obrigações da liquidanda;

c) não atendimento das cláusulas penais dos contratos unilaterais vencidos em virtude da decretação da liquidação extrajudicial;

d) não fluência de juros, mesmo que estipulados, contra a massa, enquanto não integralmente pago o passivo;

e) interrupção da prescrição relativa a obrigações de responsabilidade da instituição;

f) não reclamação de correção monetária de quaisquer divisas passivas, nem de penas pecuniárias por infração de leis penais ou administrativas.

Art. 19. A liquidação extrajudicial cessará:

a) se os interessados, apresentando as necessárias condições de garantia, julgadas a critério do Banco Central do Brasil, tomarem a si o prosseguimento das atividades econômicas da empresa;

b) por transformação em liquidação ordinária;

c) com a aprovação das contas finais do liquidante e baixa no registro público competente;

d) se decretada a falência da entidade.

SEÇÃO II
Do Processo da Liquidação Extrajudicial

Art. 20. Aplicam-se, ao processo da liquidação extrajudicial, as disposições relativas ao processo da intervenção, constantes dos arts. 8º, 9º, 10 e 11, desta Lei.

Art. 21. A vista do relatório ou da proposta previstos no art. 11, apresentados pelo liquidante na conformidade do artigo anterior o Banco Central do Brasil poderá autorizá-lo a:

a) prosseguir na liquidação extrajudicial;

b) requerer a falência da entidade, quando o seu ativo não for suficiente para cobrir pelo menos a metade do valor dos créditos quirografários, ou quando houver fundados indícios de crimes falimentares.

Parágrafo único — Sem prejuízo do disposto neste artigo, em qualquer tempo, o Banco Central do Brasil poderá estudar pedidos de cessação da liquidação extrajudicial, formulados pelos interessados, concedendo ou recusando a medida pleiteada, segundo as garantias oferecidas e as conveniências de ordem geral.

Art. 22. Se determinado o prosseguimento da liquidação extrajudicial o liquidante fará publicar, no Diário Oficial da União e em jornal de grande circulação do local da sede da entidade, aviso aos credores para que declarem os respectivos créditos, dispensados desta formalidade os credores por depósitos ou por letras de câmbio de aceite da instituição financeira liquidanda.

§ 1º No aviso de que trata este artigo, o liquidante fixará o prazo para a declaração dos créditos, o qual não será inferior a vinte, nem superior a quarenta dias, conforme a importância da liquidação e os interesses nela envolvidos.

§ 2º Relativamente aos créditos dispensados de habilitação, o liquidante manterá, na sede da liquidanda, relação nominal dos depositantes e respectivos saldos, bem como relação das letras de câmbio de seu aceite.

§ 3º Aos credores obrigados a declaração assegurar-se-á o direito de obterem do liquidante as informações, extratos de contas, saldos e outros elementos necessários à defesa dos seus interesses e à prova dos respectivos créditos.

§ 4º O liquidante dará sempre recibo das declarações de crédito e dos documentos recebidos.

Art. 23. O liquidante juntará a cada declaração a informação completa a respeito do resultado das averiguações a que procedeu nos livros, papéis e assentamentos da entidade, relativos ao crédito declarado, bem como sua decisão quanto à legitimidade, valor e classificação.

Parágrafo único — O liquidante poderá exigir dos ex-administradores da instituição que prestem informações sobre qualquer dos créditos declarados.

Art. 24. Os credores serão notificados, por escrito, da decisão do liquidante, os quais, a contar da data do recebimento da notificação, terão o prazo de dez dias para recorrer, ao Banco Central do Brasil, do ato que lhes pareça desfavorável.

Art. 25. Esgotando o prazo para a declaração de créditos e julgados estes, o liquidante organizará o quadro geral de credores e publicará, na forma prevista no art. 22, aviso de que dito quadro, juntamente com o balanço geral, se acha afixado na sede e demais dependências da entidade, para conhecimento dos interessados.

Parágrafo único — Após a publicação mencionada neste artigo, qualquer interessado poderá impugnar a legitimidade, valor, ou a classificação dos créditos constantes do referido quadro.

Art. 26. A impugnação será apresentada por escrito, devidamente justificada com os documentos julgados convenientes, dentro em dez dias, contados da data da publicação de que trata o artigo anterior.

§ 1º A entrega da impugnação será feita contra recibo, passado pelo liquidante, com cópia que será juntada ao processo.

§ 2º O titular do crédito impugnado será notificado pelo liquidante e, a contar da data do recebimento da notificação, terá o prazo de cinco dias para oferecer as alegações e provas que julgar convenientes à defesa dos seus direitos.

§ 3º O liquidante encaminhará as impugnações com o seu parecer, juntando os elementos probatórios, à decisão do Banco Central do Brasil.

§ 4º Julgadas todas as impugnações, o liquidante fará publicar avisos na forma do art. 22, sobre as eventuais modificações no quadro geral de credores que, a partir desse momento, será considerado definitivo.

Art. 27. Os credores que se julgarem prejudicados pelo não provimento do recurso interposto, ou pela decisão proferida na impugnação poderão prosseguir nas ações que tenham sido suspensas por força do art. 18, ou propor as que couberem, dando ciência do fato ao liquidante para que este reserve fundos suficientes à eventual satisfação dos respectivos pedidos.

Parágrafo único — Decairão do direito assegurado neste artigo os interessados que não o exercitarem dentro do prazo de trinta dias, contados da data em que for considerado definitivo o quadro geral dos credores, com a publicação a que alude o § 4º do artigo anterior.

Art. 28. Nos casos de descoberta de falsidade, dolo, simulação, fraude, erro essencial, ou de documentos ignorados na época do julgamento dos créditos, o liquidante ou qualquer credor admitido pode pedir ao Banco Central do Brasil, até ao encerramento da liquidação, a exclusão, ou outra classificação, ou a simples retificação de qualquer crédito.

Parágrafo único — O titular desse crédito será notificado do pedido e, a contar da data do recebimento da notificação, terá o prazo de cinco dias para oferecer as alegações e provas que julgar convenientes, sendo-lhe assegurado o direito a que se refere o artigo anterior, se se julgar prejudicado pela decisão proferida, que lhe será notificada por escrito, contando-se da data do recebimento da notificação o prazo de decadência fixado no parágrafo único do mesmo artigo.

Art. 29. Incluem-se, entre os encargos da massa, as quantias a ela fornecidas pelos credores, pelo liquidante ou pelo Banco Central do Brasil.

Art. 30. Salvo expressa disposição em contrário desta Lei, das decisões do liquidante caberá recurso sem efeito suspensivo, dentro em dez dias da respectiva ciência, para o Banco Central do Brasil, em única instância.

§ 1º Findo o prazo, sem a interposição de recurso, a decisão assumirá caráter definitivo.

§ 2º O recurso será entregue, mediante protocolo, ao liquidante, que o informará e o encaminhará, dentro de cinco dias, ao Banco Central do Brasil.

Art. 31. No resguardo da economia pública, da poupança privada e da segurança nacional, sempre que a atividade da entidade liquidanda colidir com os interesses daquelas áreas, poderá o liquidante, prévia e expressamente autorizado pelo Banco Central do Brasil, adotar qualquer forma especial ou qualificada de realização do ativo e liquidação do passivo, ceder o ativo a terceiros, organizar ou reorganizar sociedade para continuação geral ou parcial do negócio ou atividade da liquidanda.

§ 1º Os atos referidos neste artigo produzem efeitos jurídicos imediatos, independentemente de formalidades e registros.

§ 2º Os registros correspondentes serão procedidos no prazo de quinze dias, pelos Oficiais dos Registros de Imóveis e pelos Registros do Comércio, bem como pelos demais órgãos da administração pública, quando for o caso, à vista da comunicação formal, que lhes tenha sido feita pelo liquidante.

Art. 32. Apurados, no curso da liquidação, seguros elementos de prova, mesmo indiciaria, da prática de contravenções penais ou crimes por parte de qualquer dos antigos administradores e membros do Conselho Fiscal, o liquidante os encaminhará ao órgão do Ministério Público para que este promova a ação penal.

Art. 33. O liquidante prestará contas ao Banco Central do Brasil, independentemente de qualquer exigência, no momento em que deixar suas funções, ou a qualquer tempo, quando solicitado, e responderá, civil e criminalmente, por seus atos.

Art. 34. Aplicam-se a liquidação extrajudicial no que couberem e não colidirem com os preceitos desta Lei, as disposições da Lei de Falências (Decreto-lei n. 7.661, de 21 de junho de 1945), equiparando-se ao síndico, o liquidante, ao juiz da falência, o Banco Central do Brasil, sendo competente para conhecer da ação refocatória prevista no art. 55 daquele Decreto-lei, o juiz a quem caberia processar e julgar a falência da instituição liquidanda.

Art. 35. Os atos indicados, os arts. 52 e 53, da Lei de Falências (Decreto-Lei n. 7.661, de 1945) praticados pelos administradores da liquidanda poderão ser declarados nulos ou revogados, cumprido o disposto nos arts. 54 e 58 da mesma Lei.

Parágrafo único — A ação revocatória será proposta pelo liquidante, observado o disposto nos arts. 55, 56 e 57, da Lei de Falências.

CAPÍTULO IV
Dos Administradores e Membros do Conselho Fiscal
SEÇÃO I
Da Indisponibilidade dos Bens

Art. 36. Os administradores das instituições financeiras em intervenção, em liquidação extrajudicial ou em falência, ficarão com todos os seus bens indisponíveis não podendo, por qualquer forma, direta ou indireta, aliená-los ou onerá-los, até apuração e liquidação final de suas responsabilidades.

§ 1º A indisponibilidade prevista neste artigo decorre do ato que decretar a intervenção, a extrajudicial ou a falência, atinge a todos aqueles que tenham estado no exercício das funções nos doze meses anteriores ao mesmo ato.

§ 2º Por proposta do Banco Central do Brasil, aprovada pelo Conselho Monetário Nacional, a indisponibilidade prevista neste artigo poderá ser estendida:

a) aos bens de gerentes, conselheiros fiscais e aos de todos aqueles que, até o limite da responsabilidade estimada de cada um, tenham concorrido, nos últimos doze meses, para a decretação da intervenção ou da liquidação extrajudicial,

b) aos bens de pessoas que, nos últimos doze meses, os tenham a qualquer título, adquirido de administradores da instituição, ou das pessoas referidas na alínea anterior desde que haja seguros elementos de convicção de que se trata de simulada transferência com o fim de evitar os efeitos desta Lei.

§ 3º Não se incluem nas disposições deste artigo os bens considerados inalienáveis ou impenhoráveis pela legislação em vigor.

§ 4º Não são igualmente atingidos pela indisponibilidade os bens objeto de contrato de alienação, de promessa de compra e venda, de cessão de direito, desde que os respectivos instrumentos tenham sido levados ao competente registro público, anteriormente à data da decretação da intervenção, da liquidação extrajudicial ou da falência.

Art. 37. Os abrangidos pela indisponibilidade de bens de que trata o artigo anterior não poderão ausentar-se do foro, da intervenção, da liquidação extrajudicial ou da falência, sem prévia e expressa autorização do Banco Central do Brasil ou no juiz da falência.

Art. 38. Decretada a intervenção, a liquidação extrajudicial ou a falência, o interventor, o liquidante, o escrivão da falência comunicará ao registro público competente e às Bolsas de Valores a indisponibilidade de bens imposta no art. 36.

Parágrafo único — Recebida a comunicação, a autoridade competente ficará relativamente a esses bens impedida de:

a) fazer transcrições, incrições, ou averbações de documentos públicos ou particulares;

b) arquivar atos ou contratos que importem em transferência de cotas sociais, ações ou partes beneficiárias;

c) realizar ou registrar operações e títulos de qualquer natureza;

d) processar a transferência de propriedade de veículos automotores.

SEÇÃO II
Da Responsabilidade dos Administradores e Membros do Conselho Fiscal

Art. 39. Os administradores e membros do Conselho Fiscal de instituições financeiras responderão, qualquer tempo salvo prescrição extintiva, pelos que tiverem praticado ou omissões em que houverem incorrido.

Art. 40. Os administradores de instituições financeiras respondern solidariamente pelas obrigações por elas assumidas durante sua gestão até que se cumpram.

Parágrafo único — A responsabilidade solidária se circunscreverá ao montante e dos prejuízos causados.

Art. 41. Decretada a intervenção da liquidação extrajudicial ou a falência de instituição financeira, o Banco Central do Brasil procederá a inquérito, a fim de apurar as causas que levaram a sociedade àquela situação e a responsabilidade de seu administradores e membros do Conselho Fiscal.

§ 1º Para os efeitos deste artigo, decretada a falência, o escrivão do feito a comunicará, dentro em vinte e quatro horas, ao Banco Central do Brasil.

§ 2º O inquérito será aberto imediatamente à decretação da intervenção ou da liquidação extrajudicial, ou ao recebimento da comunicação da falência, e concluído dentro em cento e vinte dias, prorrogáveis, se absolutamente necessário, por igual prazo.

§ 3º No inquérito, o Banco Central do Brasil poderá:

a) examinar, quando quantas vezes julgar necessário, a contabilidade, os arquivos, os documentos, os valores e mais elementos das instituições;

b) tomar depoimentos solicitando para isso, se necessário, o auxílio da polícia;

c) solicitar informações a qualquer autoridade ou repartição pública, ao juiz da falência, ao órgão do Ministério Público, ao síndico, ao liquidante ou ao interventor;

d) examinar, por pessoa que designar, os autos da falência e obter, mediante solicitação escrita, cópias ou certidões de peças desses autos;

e) examinar a contabilidade e os arquivos de terceiros com os quais a instituição financeira tiver negociado e no que entender com esses negócios, bem como a contabilidade e os arquivos dos ex-administradores, se comerciantes ou industriais sob firma individual, e as respectivas contas junto a outras instituições financeiras.

§ 4º os ex-administradores poderão acompanhar o inquérito, oferecer documentos e indicar diligências.

Art. 42. Concluída a apuração, os ex-administradores serão convidados por carta, a apresentar, por escrito, suas alegações e explicações dentro de cinco dias comuns para todos.

Art. 43. Transcorrido o prazo do artigo anterior, com ou sem a defesa, será o inquérito encerrado com um relatório, do qual constarão, em síntese, a situação da entidade examinada, as causas de queda, o nome, a quantificação e a relação dos bens particulares dos que, nos últimos cinco anos, geriram a sociedade, bem como o montante ou a estimativa dos prejuízos apurados em cada gestão.

Art. 44. Se o inquérito concluir pela inexistência de prejuízo, será, no caso de intervenção e de liquidação extrajudicial, arquivado no próprio Banco Central do Brasil, ou, no caso de falência, será remetido ao competente juiz, que o mandará apensar aos respectivos autos.

Parágrafo único — Na hipótese prevista neste artigo, o Banco Central do Brasil, nos casos de intervenção e de liquidação extrajudicial ou o juiz, no caso de falência, de ofício ou a requerimento de qualquer interessado, determinará o levantamento da indisponibilidade de trata o art. 36.

Art. 45. Concluindo o inquérito pela existência de prejuízos será ele, com o respectivo relatório, remetido pelo Banco Central do Brasil ao Juiz da falência, ou ao que for competente para decretá-la, o qual o fará com vista ao órgão do Ministério Público, que, em oito dias, sob pena de responsabilidade, requererá o sequestro dos bens dos ex-administradores, que não tinham sido atingidos pela indisponibilidade prevista no art. 36, quantos bastem para a efetivação da responsabilidade.

§ 1º Em caso de intervenção ou liquidação extrajudicial, a distribuição do inquérito ao Juízo competente na forma deste artigo, previne a jurisdição do mesmo Juízo, na hipótese de vir a ser decretada a falência.

§ 2º Feito o arresto, os bens serão depositados em mãos do interventor, do liquidante ou do síndico, conforme a hipótese, cumprindo ao depositário administrá-los, receber os respectivos rendimentos e prestar contas a final.

Art. 46. A responsabilidade ex-administradores, definida nesta Lei, será apurada em ação própria, proposta no Juízo da falência ou no que for para ela competente.

Parágrafo único — O órgão do Ministério Público, nos casos de intervenção e liquidação extrajudicial proporá a ação obrigatoriamente dentro em trinta dias, a contar da realização do arresto, sob pena de responsabilidade e preclusão da sua iniciativa. Findo esse prazo ficarão os autos em cartório, à disposição de qualquer credor, que poderá iniciar a ação, nos quinze dias seguintes. Se neste último prazo ninguém o fizer, levantar-se-ão o arresto e a indisponibilidade, apensando-se os autos aos da falência, se for o caso.

Art. 47. Se, decretado o arresto ou proposta a ação, sobrevier a falência da entidade, competirá ao síndico tomar, daí por diante as providências necessárias ao efetivo cumprimento das determinações desta Lei, cabendo-lhe promover a devida substituição processual, no prazo de trinta dias, contados da data do seu compromisso.

Art. 48. Independentemente do inquérito e do arresto, qualquer das partes, a que se refere o parágrafo único do art. 46, no prazo nele previsto, poderá propor a ação de responsabilidade dos ex-administradores, na forma desta Lei.

Art. 49. Passada em sentença que declarar a responsabilidade dos ex-administradores, o arresto e a indisponibilidade de bens se convolarão em penhora, seguindo-se o processo de execução.

§ 1º Apurados os bens penhorados e pagas as custas judiciais, o líquido será entregue ao interventor, ao liquidante ou ao síndico, conforme o caso, para rateio entre os credores da instituição.

§ 2º Se, no curso da ação ou da execução, encerrar-se a intervenção ou a liquidação extrajudicial, o interventor ou o liquidante, por ofício, dará conhecimento da ocorrência ao juiz, solicitando sua substituição como depositário dos bens arrestados ou penhorados, e fornecendo a relação nominal e respectivos saldos dos credores a serem, nesta hipótese diretamente contemplados com o rateio previsto no parágrafo anterior.

CAPÍTULO V
Disposições Gerais

Art. 50. A intervenção determina a suspensão, e, a liquidação extrajudicial, a perda do mandato respectivamente, dos administradores e membros do Conselho Fiscal e de quaisquer outros órgãos criados pelo estatuto, competindo, exclusivamente, ao interventor e ao liquidante a convocação da assembléia geral nos casos em que julgarem conveniente.

Art. 51. Com o objetivo de preservar os interesses da poupança popular e a integridade do acervo das entidades submetidas a intervenção ou a liquidação extrajudicial o Banco Central do Brasil poderá estabelecer idêntico regime para as pessoas jurídicas que com elas tenham integração de atividade ou vínculo de interesse, ficando os seus administradores sujeitos aos preceitos desta Lei.

Parágrafo único — Verifica-se integração de atividade ou vínculo de interesse, quando as pessoas jurídicas referidas neste artigo, forem devedoras da sociedade sob intervenção ou submetida liquidação extrajudicial, ou quando seus sócios ou acionistas participarem do capital desta importância superior a 10% (dez por cento) ou seja cônjuges, ou parentes até o segundo grau, consanguíneos ou afins, de seus diretores ou membros dos conselhos, consultivo, administrativo, fiscal ou semelhantes.

Art. 52. Aplicam-se as disposições da presente Lei as sociedades ou empresas que integram o sistema de distribuição de títulos ou valores monetários no mercado de capitais (art. 5º, da Lei n. 4.728, de 14 de julho de 1965), assim como as sociedades ou empresas corretoras de câmbio.

§ 1º A intervenção nessa sociedades ou empresas, ou sua liquidação extrajudicial, poderá ser decretada pelo Banco Central do Brasil por iniciativa próprio ou por solicitação das Bolsas de Valores quanto as corretoras e elas associadas, mediante representação fundamentada.

§ 2º Por delegação de competência do Banco Central do Brasil e sem prejuízo de suas atribuições a intervenção ou a liquidação extrajudicial, das sociedades corretoras, membros das Bolsas de Valores, poderá ser processada por estas, sendo competente no caso, aquela área em que a sociedade tiver sede.

Art. 53. As sociedades ou empresas que integram o sistema de distribuição de títulos ou valores mobiliários no mercado de capitais, assim como as sociedades ou empresas corretoras do câmbio, não poderão com as instituições financeiras, impetrar concordata.

Art. 54. As disposições da presente Lei estendem-se as intervenções e liquidações extrajudiciais em curso, no que couberem.

Art. 55. O Banco Central do Brasil é acentuado autorizado a prestar assistência financeira as Bolsas de Valores, nas condições fixadas pelo Conselho Nacional, quando, a seu critério, se fizer necessária para que elas se adaptem, inteiramente, as exigências do mercado de capitais.

Parágrafo único — A assistência financeira prevista neste artigo poderá ser estendida as Bolsas de Valores nos casos de intervenção ou liquidação extrajudicial em sociedades corretoras de valores mobiliários e de câmbio, com vista a regularidade legítimos interesse de investidores.

Art. 56. Ao art. 129, do Decreto-lei n. 2.627, de 26 de setembro de 1940, é acrescentado o seguinte parágrafo, além do que já lhe fora atendido pela Lei n. 5.589, de 3 de junho de 1970:

"§ 3º O Conselho Monetário Nacional estabelecerá os critérios de padronização dos documentos de que trata os § 2º podendo ainda, autorizar o Banco Central do Brasil a prorrogar o prazo neste estabelecido determinado então, as condições a que estarão sujeitas as sociedades beneficiárias da prorrogação."

Art. 57. Esta Lei entrará em vigor na data de sua publicação, revogada a Lei n. 1.808, de 7 de janeiro de 1953, os Decretos-leis ns. 9.228, de 3 de maio de 1946; 9.328, de 10 de junho de 1946; 9.346, de 10 de junho de 1946; 48, de 18 de novembro de 1966; 462, de 11 de fevereiro de 1969; e 685, de 17 de junho de 1969, e demais disposições gerais e especiais em contrário.

Brasília, 13 de março de 1974; 153º da Independência e 86º da República.

EMÍLIO G. MÉDICI

Antônio Delfim Neto

Este texto não substitui o publicado no DOU 13.3.1974.

LEI ESTADUAL N. 13.549/09

O Governador do Estado de São Paulo:

Faço saber que a Assembleia Legislativa decreta e eu promulgo a seguinte lei:

Art. 1º Fica declarada em regime de extinção, nos termos desta lei, a Carteira de Previdência dos Advogados de São Paulo a que se refere a Lei n. 10.394, de 16 de dezembro de 1.970.

Parágrafo único — Em consequência do disposto no *caput* deste artigo, ficam vedadas quaisquer novas inscrições ou reinscrições na Carteira dos Advogados, mantendo-se em seus quadros apenas os atuais segurados ativos e inativos.

Art. 2º A Carteira dos Advogados, financeiramente autônoma e com patrimônio próprio, por não se enquadrar no regime de previdência complementar e demais normas previdenciárias, passa a reger-se, em regime de extinção, pelo disposto nesta lei.

§ 1º A Carteira dos Advogados será administrada por liquidante, a ser designado pelo Governador dentre entidades da administração indireta do Estado.

§ 2º Em nenhuma hipótese o Estado, incluindo as entidades da administração indireta, responde, direta ou indiretamente, pelo pagamento dos benefícios já concedidos ou que venham a ser concedidos no âmbito da Carteira dos Advogados, nem tampouco por qualquer indenização a seus participantes ou insuficiência patrimonial passada, presente ou futura.

§ 3º É vedada a inclusão na lei orçamentária anual, bem como em suas alterações, de quaisquer recursos do Estado para pagamento de aposentadorias e pensões de responsabilidade da Carteira dos Advogados.

Art. 3º São beneficiários da Carteira dos Advogados:

I — para a percepção de proventos, os segurados, conforme o disposto no art. 4º desta lei;

II — para o recebimento de pensão, os dependentes dos segurados, conforme o disposto no art. 5º desta lei.

Art. 4º São segurados da Carteira todos os Advogados nela atualmente inscritos, sendo vedada qualquer nova inscrição.

Art. 5º São dependentes dos segurados:

I — em primeiro lugar, conjuntamente:

a) o cônjuge ou o companheiro, na constância, respectivamente, do casamento ou da união estável;

b) o cônjuge ainda que divorciado, desde que beneficiário de alimentos;

c) o companheiro, na constância da união homoafetiva;

d) o filho inválido, sem limite de idade, comprovada dependência econômica;

e) o filho solteiro, menor de 21 (vinte e um) anos;

II — em segundo lugar, conjuntamente, o pai ou a mãe de segurado solteiro, comprovada dependência econômica.

§ 1º Verifica-se a condição de dependente, para os efeitos deste artigo, na ocasião do falecimento do segurado.

§ 2º Se, por ocasião do falecimento do segurado, existir qualquer das pessoas enumeradas no inciso I deste artigo, ficarão automática e definitivamente excluídas as de seu inciso II.

Art. 6º Os benefícios previstos nesta lei, observado o disposto em seus arts. 8º e 11, serão reajustados a partir de janeiro de 2010, mensalmente, na mesma proporção da valorização positiva ou negativa do patrimônio da Carteira dos Advogados.

§ 1º Os benefícios concedidos até 31 de dezembro de 2009 serão reajustados pela variação do Índice Nacional de Preços ao Consumidor apurado pelo Instituto Brasileiro de Geografia e Estatística — INPC-IBGE, ocorrida entre fevereiro e dezembro de 2009.

§ 2º O reajuste de que trata o § 1º deste artigo será aplicado somente se houver recursos disponíveis e de acordo com avaliação atuarial que demonstre o equilíbrio financeiro da Carteira dos Advogados.

Art. 7º Os benefícios de aposentadoria e pensão decorrentes desta lei podem ser acumulados.

§ 1º É vedada a concessão de duas aposentadorias ao mesmo segurado.

§ 2º Os benefícios previstos nesta lei não serão concedidos caso haja inadimplência de contribuições do segurado.

Art. 8º São os seguintes os períodos de carência para a concessão dos benefícios de que trata esta lei:

I — 5 (cinco) anos de inscrição na Carteira, para os benefícios de aposentadoria por invalidez ou pensão;

II — 20 (vinte) anos de inscrição na Carteira, para o benefício de aposentadoria por implemento das condições de idade mínima e tempo de inscrição na Seção de São Paulo da Ordem dos Advogados do Brasil — OAB-SP, previstas nos incisos I e II do art. 9º desta lei.

Parágrafo único — Para os segurados inscritos na OAB-SP, por transferência de outra Seção, os períodos estabelecidos nos incisos I e II deste artigo são elevados em 20% (vinte por cento).

Art. 9º O segurado poderá aposentar-se, após o decurso do respectivo período de carência, desde que satisfaça, cumulativamente, as condições previstas nos incisos I e II deste artigo, ou, isoladamente, a condição prevista em seu inciso III, a saber:

I — idade mínima de 70 (setenta) anos;

II — 35 (trinta e cinco) anos, pelo menos, de inscrição ininterrupta na OAB-SP;

III — invalidez para o exercício da profissão.

§ 1º Para o cômputo do prazo estipulado no inciso II, contar-se-á unicamente o tempo de inscrição definitiva, excluindo-se o tempo de inscrição como solicitador ou estagiário.

§ 2º Para o segurado que, nos termos do art. 6º da Lei n. 10.394, de 16 de dezembro de 1970, mantiver sua inscrição na Carteira, considerar-se-ão satisfeitas as condições previstas neste artigo:

1 — a do inciso II, quando se completarem 35 (trinta e cinco) anos da data de sua inscrição definitiva na OAB, ainda que cancelada;

2 — a do inciso III, quando for considerado inválido.

§ 3º O requisito de idade mínima estabelecido no inciso I deste artigo terá implantação gradativa, na seguinte conformidade:

1 — a partir da data da publicação desta lei, será de 65 (sessenta e cinco) anos;

2 — 2 (dois) anos após a data da publicação desta lei, será de 66 (sessenta e seis) anos;

3 — 4 (quatro) anos após a data da publicação desta lei, será de 67 (sessenta e sete) anos;

4 — 6 (seis) anos após a data da publicação desta lei, será de 68 (sessenta e oito) anos;

5 — 8 (oito) anos após a data da publicação desta lei, será de 69 (sessenta e nove) anos;

6 — dez anos após a data da publicação desta lei, será de 70 (setenta) anos.

Art. 10 — Considera-se invalidez, para os fins desta lei, qualquer lesão de órgão ou perturbação de função que reduza em mais de 2/3 (dois terços), por prazo superior a 4 (quatro) anos, a capacidade do segurado para o exercício de suas atribuições, comprovada em laudo médico elaborado por 3 (três) médicos designados pelo liquidante.

§ 1º A aposentadoria por invalidez poderá ser concedida a pedido ou *ex officio*.

§ 2º O aposentado por invalidez deverá submeter-se, de 2 (dois) em 2 (dois) anos, ou quando lhe for exigido, a perícia médica.

§ 3º A recusa ou falta ao exame médico acarretará a suspensão de pagamento dos proventos até o cumprimento da exigência.

Art. 11 — O benefício de aposentadoria por implemento das condições cumulativas de idade e de tempo de inscrição na OAB-SP, previstas nos incisos I e II do art. 9º desta lei, consistirá em renda mensal consecutiva e ininterrupta, financeiramente determinada pelo saldo da conta individual a que se refere o art. 33 desta lei e será disponibilizado ao segurado enquanto existirem, nessa mesma conta, recursos suficientes ao respectivo pagamento.

§ 1º O valor mensal da renda referida no *caput* deste artigo será definido conforme a opção do segurado entre as seguintes formas:

1 — pagamentos mensais de um valor monetário correspondente a um número constante ou decrescente de cotas, por um período determinado pelo segurado, observados os limites fixados pelo Conselho, com o objetivo de prover o equilíbrio financeiro da Carteira, conforme estabelecido em parecer atuarial.

2 — pagamentos mensais de um valor monetário correspondente a um número constante ou decrescente de cotas, determinado com base na expectativa de vida apontada por tábuas biométricas indicadas em Nota Técnica Atuarial;

3 — pagamentos mensais de um valor monetário correspondente a 1% (um por cento), 2% (dois por cento) ou 3% (três por cento) do total de cotas existentes em cada mês em nome do segurado;

4 — pagamentos mensais de um valor monetário correspondente a um número constante de cotas, determinado atuarial

e anualmente, com base no saldo de recursos existente no último dia do ano anterior e na expectativa de vida apontada por tábuas biométricas indicadas em Nota Técnica Atuarial.

§ 2º Aplica-se o disposto no § 1º deste artigo, no que couber, à aposentadoria por invalidez e à pensão.

Art. 12 — Os proventos são devidos até o dia anterior ao do óbito do segurado, desde a data:

I — da comunicação da concessão, quando se tratar de aposentadoria por implemento das condições cumulativas de idade e de tempo de inscrição na OAB-SP;

II — do laudo médico, quando se tratar de aposentadoria por invalidez.

Art. 13 — Cessa o direito ao recebimento da pensão:

I — em qualquer caso, pelo falecimento do pensionista, pelo seu casamento ou se passar a viver em união estável;

II — pelo implemento de idade;

III — pela renúncia, a qualquer tempo;

IV — pela cessação da invalidez, a menos que por outro motivo continue devida a pensão;

V — na hipótese do parágrafo único do art. 39 da Lei n. 10.394, de 16 de dezembro de 1970.

Parágrafo único — O direito ao recebimento da pensão não poderá ser restabelecido por fato posterior à data da cessação.

Art. 14 — As rendas mensais previstas nesta lei serão pagas em moeda corrente e serão resultantes da multiplicação da quantidade de cotas a que tiver direito o segurado pelo valor da cota no mês do pagamento, observado o disposto nos arts. 6º e 11 desta lei.

Parágrafo único — O pagamento das rendas mensais de que trata este artigo será processado até o último dia útil do mês a que se referirem, observado o art. 12 desta lei.

Art. 15 — O pagamento da pensão será requerido ao liquidante, em petição individual ou conjunta dos beneficiários, desde logo instruída com os seguintes documentos:

I — certidão de óbito do segurado;

II — certidão de casamento do segurado, com todas as averbações extraídas posteriormente ao seu óbito;

III — certidão atualizada, com todas as averbações, de nascimento dos dependentes, excluída a da viúva;

IV — conforme o caso, os previstos no parágrafo único do art. 16 desta lei, inclusive sentença de divórcio do segurado, acórdão que a confirmou ou reformou e certidão de seu trânsito em julgado.

Parágrafo único — O requerente especificará a agência em que deverá receber o pagamento de seu benefício, caso na localidade em que resida não haja a instituição bancária definida pelo liquidante.

Art. 16 — Salvo oportuna impugnação de interessado, o valor da pensão será pago às pessoas constantes da declaração de dependentes feita pelo segurado, excluindo-se os que hajam completado o limite de idade estabelecido no art. 5º desta lei.

Parágrafo único — Exigir-se-á para a concessão da pensão:

1 — a inválido, prova de invalidez, verificada de acordo com disposto no art. 10 desta lei;

2 — ao companheiro, a comprovação de união estável, de acordo com o Código Civil Brasileiro.

Art. 17 — Concedida a pensão, qualquer impugnação, inscrição ou habilitação posterior, que implique exclusão ou inclusão de beneficiário, produzirá efeito a partir do deferimento da pretensão pelo liquidante, ou por decisão judicial transitada em julgado.

Parágrafo único — Da decisão do liquidante caberá recurso, sem efeito suspensivo, para o Conselho, no prazo de 15 (quinze) dias da ciência.

Art. 18 — A receita da Carteira é constituída:

I — de contribuição mensal dos segurados em atividade e aposentados, bem como dos pensionistas;

II — de contribuição a cargo do outorgante de mandato judicial;

III — de doações e legados recebidos;

IV — de rendimentos patrimoniais e financeiros.

Art. 19 — A contribuição mensal do segurado terá como base a Unidade Monetária da Carteira dos Advogados — UMCA.

§ 1º A UMCA corresponde, na data da publicação desta lei, à importância de R$ 465,00 (quatrocentos e sessenta e cinco reais), que será reajustada anualmente pela variação do INPC-IBGE, apurada a partir de 1º de fevereiro de 2009.

§ 2º A contribuição mensal corresponderá a um percentual livremente escolhido pelo segurado em atividade e incidente sobre a UMCA.

§ 3º A contribuição mínima é fixada em 8% (oito por cento) da UMCA.

§ 4º Sempre que completar um período de doze contribuições, o segurado em atividade poderá fazer nova escolha de percentual, observado o disposto no § 3º deste artigo.

§ 5º Para as aposentadorias e pensões concedidas a partir de 1º de janeiro de 2010, a contribuição mensal é fixada em 5% (cinco por cento) sobre o valor do benefício em manutenção e será destinada às despesas administrativas da Carteira.

§ 6º Poderão ser fixadas contribuições especiais destinadas a custear as despesas administrativas não previstas no orçamento da Carteira, desde que justificadas em avaliação atuarial realizada para esse fim.

Art. 20 — A modificação de contribuição do segurado é devida a partir do primeiro dia do mês seguinte àquele em que tiver sido requerida.

Art. 21 — O não recolhimento ou o recolhimento fora de prazo das contribuições previstas no art. 19 desta lei sujeitará o devedor ao pagamento do valor correspondente à atualização do débito pela Variação do INPC-IBGE, com juros moratórios de 1% (um por cento) ao mês, além da multa de 10% (dez por cento) ou 20% (vinte por cento), conforme se trate de pagamento amigável ou judicial, sendo esses acréscimos feitos sobre o principal atualizado.

Art. 22 — Qualquer débito apurado pela Carteira, assim como as multas regularmente impostas, serão lançados em livro próprio.

Parágrafo único — A receita obtida com os juros moratórios e as multas será destinada ao pagamento de despesas administrativas da Carteira.

Art. 23 — Cessando a invalidez, se por outro motivo não tiver direito à aposentadoria, o segurado pagará, a partir do primeiro dia do mês seguinte ao da apuração do fato, pelo menos a contribuição mínima vigente, se não optar por outra, mediante expresso requerimento nesse sentido.

Art. 24 — A Carteira de Previdência dos Advogados de São Paulo é administrada e representada, judicial e extrajudicialmente, pelo liquidante.

Parágrafo único — Pelos atos que o liquidante de acordo com esta lei praticar responderá exclusivamente o patrimônio da Carteira.

Art. 25 — A Carteira terá um Conselho, constituído por cinco membros e respectivos suplentes, escolhidos e designados:

I — 1 (um) pelo liquidante;

II — 2 (dois) pela OAB-SP;

III — 1 (um) pelo Instituto dos Advogados de São Paulo;

IV — 1 (um) pela Associação dos Advogados de São Paulo.

§ 1º Os membros do Conselho exercerão mandato trienal gratuito, vedada a recondução como titular, representando a mesma entidade, por mais de uma vez.

§ 2º Observado o disposto nesta lei, as atribuições do Conselho, bem como as regras para o seu funcionamento, serão estabelecidas em regimento interno.

§ 3º Presente a maioria de seus membros, o Conselho deliberará por maioria simples, cabendo ao Presidente o voto de qualidade.

§ 4º Os membros do Conselho elegerão o Presidente, por maioria, entre seus pares.

§ 5º Caberá ao Conselho fixar em regimento interno normas de cálculo da valorização do patrimônio e de despesas administrativas.

§ 6º Ficam extintos, na data da publicação desta lei, os mandatos dos atuais membros do Conselho a que se refere o art. 56 da Lei n. 10.394, de 16 de dezembro de 1970.

Art. 26 — A Carteira de Previdência dos Advogados de São Paulo adotará o regime financeiro-atuarial de capitalização.

Art. 27 — A receita da Carteira será depositada mensalmente em conta bancária específica, independente de eventuais outras contas do liquidante.

Art. 28 — Ouvido o Conselho, poderão ser majoradas as contribuições estabelecidas por esta lei, sempre que, em decorrência de estudos atuariais, ficar demonstrada a necessidade de reajuste das fontes de receita da Carteira.

Art. 29 — Em qualquer cálculo decorrente da aplicação desta lei, a fração de que resultar quantia igual ou superior a R$ 0,50 (cinquenta centavos) será arredondada para R$ 1,00 (um real), desprezando-se a inferior.

Art. 30 — A Carteira deverá contratar avaliação atuarial anual, no mês de outubro, e informar ao liquidante sempre que, em decorrência dos respectivos estudos, ficar demonstrada a necessidade de proceder de acordo com o disposto no art. 28 desta lei, para assegurar que possam ser pagos integralmente os benefícios previstos nesta lei.

§ 1º A Carteira deverá contratar anualmente empresa de auditoria independente, a fim de verificar se os benefícios por ela concedidos estão adequados aos termos desta lei.

§ 2º A primeira auditoria independente a ser realizada após a data de publicação desta lei abrangerá todos os benefícios concedidos até a referida data.

§ 3º O recadastramento dos ativos, inativos e pensionistas da Carteira de Previdência dos Advogados deve ocorrer anualmente, na data de aniversário, junto à instituição financeira designada pelo liquidante.

§ 4º Perdurando, por mais de seis meses, o descumprimento da exigência prevista no § 3º deste artigo, cessará automaticamente o pagamento do respectivo benefício.

Art. 31 — As cotas referidas nesta lei terão, na data de 1º de janeiro de 2010, o valor unitário original de R$ 1,00 (um real).

§ 1º O valor de cada cota será mensalmente determinado em função da valorização do patrimônio da Carteira dos Advogados.

§ 2º O valor da cota será de R$ 1,00 (um real) nos dois primeiros meses subsequentes à data de publicação desta lei e, a partir do terceiro mês, será calculado com base na valorização do patrimônio da Carteira, observada no mês anterior àquele a que se referir.

Art. 32 — As datas previstas nos arts. 6º, 19 e 31 desta lei poderão ser alteradas pelo liquidante da Carteira, por deliberação do Conselho, desde que o intervalo compreendido entre aquelas datas e a data da publicação desta lei seja menor do que 6 (seis) meses.

Art. 33 — Na data prevista no art. 31 desta lei, o patrimônio da Carteira deverá estar individualizado e os segurados que não estiverem em gozo de benefícios terão contas individuais, com saldos iniciais proporcionais às suas contribuições.

§ 1º Aos que estiverem em gozo de benefícios iniciados até a data prevista no art. 32 desta lei não se aplica o disposto no *caput* deste artigo, devendo ficar agrupados em uma conta coletiva.

§ 2º Para cobertura de despesas administrativas da Carteira e para assegurar o equilíbrio atuarial da conta coletiva, os segurados de que trata o § 1º deste artigo contribuirão mensalmente com 20% (vinte por cento) do valor dos benefícios em manutenção.

§ 3º Para efeito do cálculo previsto no *caput* deste artigo, as contribuições serão corrigidas monetariamente desde o mês a que se referirem até o mês anterior ao da publicação desta lei, adotando-se como índice de correção monetária aqueles aplicados aos depósitos da caderneta de poupança nos mesmos períodos.

§ 4º Deduzido o valor da conta coletiva a que se refere o § 1º deste artigo, será efetuado rateio do acervo líquido remanescente, se houver, entre os contribuintes ativos em situação regular, inscritos até 28 de dezembro de 2007, na proporção das contribuições que tiverem realizado, desde a data da respectiva inscrição até o limite de suas reservas matemáticas atuarialmente calculadas.

Art. 34 — Ficam revogados os arts. 5º, 8º, 11, 12, 14, 22, 28, 32, 43, 46, 53 e 54 da Lei n.

10.394, de 16 de dezembro de 1970, e o § 1º do art. 40 da Lei Complementar n. 1.010, de 1º de junho de 2007.

Art. 35 — Esta lei e suas Disposições Transitórias entram em vigor na data da sua publicação, produzindo seus efeitos 30 (trinta) dias após essa data.

Disposições Transitórias

Art. 1º Os segurados poderão requerer o desligamento da Carteira, no prazo de até 120 (cento e vinte) dias, a contar da data da publicação desta lei, hipótese em que farão jus ao resgate de parte dos valores de suas próprias contribuições, nos seguintes percentuais:

I — 60% (sessenta por cento), para os segurados com até 10 (dez) anos de inscrição na Carteira, completados até a data da publicação desta lei;

II — 65% (sessenta e cinco por cento), para os segurados com mais de 10 (dez) anos até 20 (vinte) anos de inscrição na Carteira, completados até a data da publicação desta lei;

III — 70% (setenta por cento), para os segurados com mais de 20 (vinte) anos até 30 (trinta) anos de inscrição na Carteira, completados até a data da publicação desta lei;

IV — 75% (setenta e cinco por cento), para os segurados com mais de 30 (trinta) anos até 35 (trinta e cinco) anos de inscrição na Carteira, completados até a data da publicação desta lei;

V — 80% (oitenta por cento), para os que já estiverem em gozo de seus benefícios.

Art. 2º Os valores dos resgates serão atualizados, desde o mês a que se referem até o mês anterior ao da data em que forem efetivamente realizados, pelos índices de correção monetária aplicáveis aos depósitos mantidos em Caderneta de Poupança durante o mesmo período.

§ 1º A opção do segurado pelo resgate de suas contribuições, na forma desta lei, implicará integral quitação quanto ao valor das mesmas e renúncia a quaisquer outros direitos em relação à Carteira.

§ 2º Os segurados que já estiverem em gozo de benefício e optarem pelo resgate, na forma do disposto no Inciso V deste artigo, terão a base de cálculo de suas Reservas Matemáticas atuarialmente calculadas.

Art. 3º O pagamento dos resgates de que trata o *caput* do art. 1º destas Disposições Transitórias observará o seguinte procedimento:

I — será constituída uma provisão equivalente às reservas matemáticas individuais, atuarialmente calculadas, necessárias ao custeio dos benefícios de aposentadoria e pensão concedidos no âmbito da Carteira dos Advogados até data da publicação desta lei, ou cujo beneficiário tenha preenchido as condições para sua obtenção;

II — o patrimônio líquido remanescente, se houver, será destinado a uma segunda provisão, destinada ao pagamento dos resgates solicitados pelos segurados ativos em situação regular, inscritos até 28 de dezembro de 2007, sendo rateados na proporção das contribuições individuais realizadas, desde a data da respectiva inscrição.

Art. 4º O prazo previsto no *caput* do art. 1º destas Disposições Transitórias poderá ser prorrogado pelo liquidante, por deliberação do Conselho.

Palácio dos Bandeirantes, aos 26 de maio de 2009.

José Serra
Mauro Ricardo Machado Costa
Secretário da Fazenda
Aloysio Nunes Ferreira Filho